Q&A 管理職の労務

岩田合同法律事務所
IWATAGOUDOUHOURITSUJIMUSHO

一般社団法人 **金融財政事情研究会**

はじめに

　本書は、『Q＆A　管理職の労務』というタイトルのとおり、人事労務関連の法律知識に初めて触れる新任管理職を主な読者層として想定している。

　人事労務に関しては、働き方改革関連法が2019年4月から順次施行されたことに加え、今日までに労働施策総合推進法におけるパワハラ防止規定の追加、育児介護休業法におけるいわゆる産後パパ育休制度等の追加、労働基準法における裁量労働制のルールの変更など法改正が続いており、専門家がこれらの法改正内容を解説する書籍等も数多く出版されている。しかし、例えば新任管理職にしてみれば、ごく専門的な改正内容よりも、日常的な部下の労務管理において専ら問題となる基礎知識の方が、利用頻度も高く重要なはずである。

　また、我々も様々な企業の日常的な労務相談に対応しているが、現場サイドに基礎知識がないケースでは、問題が生じていることにも気づくことができず、そのために初動対応が遅れ、取り返しのつかない状況に至っていることが多いように思われる。

　本書は、このような問題意識から、新任管理職が日常業務で遭遇するような労務問題について、なるべく専門的な内容に立ち入らない形で、必要十分な程度の知見を提示するように心掛けた。もちろん、最終的な事案の解決は専門家や専門部署に判断を委ねるべきであるが、少なくとも現場において問題を検知

し適宜専門家等に連携するという対応の精度は、本書によって相当向上するはずである。

　通読とまではいかずとも、気になったらとりあえず調べてみる本として、新任管理職の方々の手元に置いていただければ、非常に有り難い。

　2024年12月

岩田合同法律事務所

● 目 次

第1章 管理職に求められる対応

Q1 「管理職」は法律上、どのように規定されていますか。……2

Q2 管理職にはどのような労務管理が求められますか。………5

Q3 一般社員と管理職、一般職と総合職はそれぞれ何が
異なるのですか。……………………………………………………7

Q4 人事評価制度の目的は何ですか。また、「ジョブ型」
とはどのような制度ですか。………………………………………9

第2章 労働契約

Q5 労働契約について考える上での留意点は何ですか。………14

Q6 労働契約上の権利義務はどのように決まりますか。………17

Q7 パートタイム労働者や有期雇用労働者は、法律上、
正社員とはどのような点で異なるのですか。…………………21

Q8 労働契約の変更を行う場合の留意点は何ですか。…………25

第3章 労働時間管理

Q9 労働時間の考え方について教えてください。…………………30

Q10 労働時間管理について労働基準法はどのように定め
ていますか。…………………………………………………………34

Q11 安全配慮義務と労働時間管理の関係はどのように
なっていますか。……………………………………………………38

Q12 労働時間はどのようにして把握すべきですか。……………42

Q13 労働時間の自己申告制を採用する際の留意点は何で
すか。…………………………………………………………………45

Q14 フレックスタイム制を採用する場合の留意点は何で
すか。…………………………………………………………………50

v

Q15 変形労働時間制を採用する場合の留意点は何ですか。……55

Q16 裁量労働制を採用する場合の労務管理はどのように
行えばよいですか。………………………………………………59

Q17 事業場外みなし制度とは何ですか。………………………63

Q18 テレワークを行わせる場合の労働時間はどのように
把握すればよいですか。……………………………………………67

第4章　安全衛生管理

Q19 安全配慮義務の具体的な内容について教えてください。…74

Q20 部下の心身の健康管理において重視すべきポイント
は何ですか。………………………………………………………78

Q21 ラインケアにおいて留意すべき点は何ですか。……………81

Q22 復職対応はどのように行えばよいですか。…………………84

Q23 復職の可否の判断でよく問題となるのはどのような
点ですか。…………………………………………………………88

Q24 労災の手続はどのようになっていますか。…………………91

Q25 労災申請で留意すべき点を教えてください。………………94

Q26 障害者雇用における合理的配慮義務と安全配慮義務
とは何ですか。……………………………………………………97

第5章　問題社員対応

Q27 問題社員にはどのように対応すればよいですか。…………102

Q28 問題社員指導のポイントは何ですか。また、PIPとは
どのような取組ですか。…………………………………………104

Q29 懲戒処分を行う場合の留意点は何ですか。…………………107

Q30 人事における降格の目的や規制について教えてくだ
さい。………………………………………………………………110

CONTENTS

Q31 配転・出向・転籍において留意すべき点は何ですか。…113
Q32 退職勧奨を行う際の留意点は何ですか。……………117
Q33 解雇にはどのような要件や制限がありますか。…………121

第6章 ハラスメント対応

Q34 どのような行為がパワーハラスメントに該当するの
ですか。……………………………………………126
Q35 どのような行為がセクシュアルハラスメントに該当
するのですか。……………………………………130
Q36 どのような行為がマタニティハラスメントに該当す
るのですか。………………………………………133
Q37 ハラスメント防止のために法律上求められる対策は
何ですか。……………………………………………136
Q38 ハラスメントが発生した場合、どのように対応すべ
きですか。……………………………………………138

第7章 労働組合、労働紛争、行政取締

Q39 労働組合の権利や要件はどのように規定されていま
すか。…………………………………………………142
Q40 外部労組と社内労組にはどのような違いがあります
か。……………………………………………………145
Q41 どのような行為が不当労働行為に該当しますか。………148
Q42 労働関係紛争解決制度について教えてください。………153
Q43 労働関係の行政取締にはどのようなものがあります
か。……………………………………………………159

著者略歴……………………………………………………………163

vii

第 1 章

管理職に求められる対応

QUESTION Q1 「管理職」は法律上、どのように規定されていますか。

ANSWER A 1 管理職の定義

　広辞苑（第7版）によれば、管理職とは、「企業や団体で、業務を管理する職。または、その人。一般に係長・課長以上をいう」とされています。法令上は、「管理職」との用語を「管理的地位にある労働者」を指すものとして用いる例があります（女性の職業生活における活躍の推進に関する法律に基づく一般事業主行動計画等に関する省令2条1項4号）。厚生労働省の通達によれば、課長級以上の労働者がこれに当たります。

　日常用語としての「管理職」は、企業の目標を実現するため、使用者としての権限の一部を部下に対して行使する立場にある労働者を指して用いられます。一定の組織について責任と権限を有し、部下の勤怠管理を行い、部下に直接業務命令を発する立場にある役付きの従業員がこれに当たります。本書においても、肩書にとらわれずこのような立場の従業員を念頭に置いて「管理職」との言葉を用いることにします。なお、部下はいないものの管理職としての処遇を受けているいわゆる「部下なし管理職」も存在しますが、本書は、基本的には部下なし管理職は対象としていません。

2 管理職と類似する概念

　管理職に類似した法律上の概念としては、管理監督者（労働基準法11条3号）というものがあります。管理監督者は、労働基準法の定める労働時間等の規制の適用が除外され、深夜手当を除いた残業代の支給対象になりませんし、労働者を代表する過半数代表者になることもできません。しかし、厚生労働省の通達は、管理監督者に該当するか否かについて、「労働条件の決定その他労務管理について経営者と一体的な立場にある者であって、労働時間、休憩及び休日に関する規制の枠を超えて活動することが要請されざるを得ない重要な職務と責任を有し、現実の勤務態様も、労働時間等の規制になじまないような立場にある」かどうかで実質的に判断するとしています。そのため、管理職としての肩書を有する者の全てが管理監督者に該当するわけではありません。

　このほか、労働組合法においては、労働組合に加入することができない労働者として、「使用者の利益を代表する者」（同法2条1号）を挙げていますが、この範囲も一定の上級管理職に限定され、現に、使用者の利益代表者に該当しない管理職で組織する管理職組合といった労働組合も存在します。

3 実務上のポイント

　このように、社内で管理職としての地位や肩書を与えられて

いるかどうかと、その地位を理由にして法律上一般の労働者と異なる取扱いを受けるかどうかは、常に一致するわけではありません。管理職が法律上どのように取り扱われるのかを考えるに当たっては、一見同じようにも見える言葉の違いを意識する必要があります。

第1章 | 管理職に求められる対応

QUESTION Q2
管理職にはどのような労務管理が求められますか。

A 1 管理職による労務管理の目的

　管理職は、企業において、組織・チームを率いる立場にあります。そして、組織・チームの目的は、企業の目的と合致している必要があります。企業の目的は様々ありますが、営利企業である以上、利益の追求・利益の最大化も目的の一つとして挙げられます。管理職は、自社の目的・ゴールを十分に理解した上で、その達成に向けたチームビルディングを行い、その手段として部下の労務管理を行うのです。

2 管理職に求められる労務管理の概要

　管理職は、労務管理として、使用者の権限の一部を付与されて、部下の管理を行うことが求められます。その一つとして管理職は、会社としての人事権の行使として、採用、配置、異動、人事考課、昇進、昇格、降格、休職、解雇等、会社の構成員としての労働者の地位や処遇を決定し、あるいはそのプロセスに関与することがあります。

　また、管理職は、会社の業務命令権に基づき、部下の業務遂行に当たり、必要な指示や命令を行うことができます。この業務命令権は、本来的な職務だけでなく、研修、健康診断、自宅待機等、本来的な職務でないものにも及びます。

5

次に、会社は、職場における企業秩序を定立し、維持するため、職場施設を管理し、また、企業秩序に違反した者に対する懲戒処分を行う権限を有しています。後者の懲戒処分に関連し、管理職は、前提事実の調査や、懲戒処分を行うほどではない事案において注意指導を行うこともあります。

　他方で管理職は、上記とは異なり、会社に代わって部下に対して義務を負う場面もあり、これも労務管理の一つとして認識しておかなければなりません。その代表例が、労働者の生命や身体等を危険から保護するように配慮すべき義務（安全配慮義務）であり、労働者が過重労働により心身の健康を損なわないように注意する義務や、ハラスメント等を防止するための措置を講じる義務等、その内容は多岐にわたります。

　以上は、会社の権利義務に密接に関連した労務管理ですが、部下との対話等を通じた、職場の働きやすさや部下のモチベーションの管理などといったチームマネジメントもまた管理職としての労務管理に含まれます。

3　実務上のポイント

　管理職は、部下の配置や業務指示等の労務管理を通じて、組織・チームを機能的なものとし、会社の目的の一つである利益拡大を達成することができます。適正な労務管理のためには、上記の内容を理解して、できること、できないこと、しなければならないこと、してはならないことをしっかりと把握しておくことが必要です。

第1章 ｜ 管理職に求められる対応

QUESTION Q3

一般社員と管理職、一般職と総合職はそれぞれ何が
異なるのですか。

A 1 用語の定義

　管理職と同様に、業務内容に応じて従業員を区別する用語と
して、一般職と総合職があります。

　このうち総合職とは、総合的な能力を要する会社の基幹的・
中核的な業務（例えば企画立案、営業、研究開発等）に従事する
職種を指します。総合的な能力を前提とするため、異動や転勤
によって部署や職務が変更されることも多くあります。

　これに対して一般職とは、定型的業務（例えば一般事務や顧
客対応等といった、いわば総合職のサポート業務）に従事する職
種です。一般職の場合には、特に転居を伴う転勤はないことが
多いです。

　かつての日本では、男性は基幹的・中核的な業務、女性は定
型的・補助的な業務という形で区別して雇用することが行われ
ていました。しかし、このような男女差別的な雇用（採用だけ
でなく、配置転換や職種変更等も含む）は男女雇用機会均等法5
条、6条各号により禁止され、代わりに、コース別雇用管理制
度として、総合職と一般職という職種が設けられました（ただ
し、2014年度時点でも、総合職の女性割合は約22.1％、一般職の女
性割合は82.1％と分布に偏りがあります。2015年10月20日付け厚生
労働省資料「平成26年度コース別雇用管理制度の実施・指導状況（確

7

報版）を公表します」参照)。

　このように、一般職と総合職はコース別雇用管理制度の職種を指す用語であって、部下や業務の管理を担うという立場に着目した「管理職」という用語とは視点が異なります。

　他方で、Ｑ２で述べたとおり、管理職は部下の労務・業務を管理して組織・チームを機能的なものとし利益拡大を達成する等といった業務を担います。このため、管理職となるのは基本的に総合職の社員ですし、逆に総合職の社員は将来管理職になることも見込んで採用されます。

　なお、企業によっては、コース別雇用管理制度の中に総合職と一般職以外にも様々な職種があります。例えば、総合職に準ずる業務に従事しつつ転勤範囲が限定されているエリア限定総合職、特殊な分野の専門的業務に従事する専門職（例えばエンジニア等）、現場で技能労務に従事する現業職（例えば運転手等）等があります。

2　実務上のポイント

　管理職が細かな用語の定義を覚える必要はないものの、各社員が会社においてどのように位置付けられ、どのような役割を期待されているかを理解することは、当該社員に対する指導や評価を行う前提として必須といえます。このため、特に自身の部下については、これらの位置付け・役割を把握しておくべきと考えます。

第1章 | 管理職に求められる対応

QUESTION **Q4** 　　人事評価制度の目的は何ですか。また、「ジョブ型」とはどのような制度ですか。

A 1 人事評価制度の目的

　人事評価制度とは、従業員の能力や成果を評価して、賃金や昇格など従業員の処遇を決定する制度をいいます。

　人事評価制度には、大きく二つの目的があると考えられます。一つ目は、従業員の能力及び適性等を適切に評価し、従業員の給与や昇格に反映させることで、従業員のモチベーションを向上させるとともに、効果的な人材活用を図るというものです。二つ目は、人事評価により適正に人材を活用することによって、会社全体として業務効率を向上させ、会社の目標達成を促進させるというものです。

2 日本における人事評価制度

　かつては年齢及び勤続年数に応じて賃金額が上昇する年功的賃金制度が主として採用されており、なかでも、職務遂行能力を基準として序列を付ける「職能資格制度」が主流となっていました。「職能資格制度」は、概念的には実力主義の制度であったものの、実際には年齢や年次を有力な職務遂行能力の指標とせざるを得なかったことから、結果的には年功序列の仕組みとなっていました。

9

もっとも、人件費の抑制が多くの企業で課題となっていたこともあり、近年では仕事の成果や個人の能力を重視して昇格管理を行おうとする能力主義の流れが広まりました。そこで、従来のように年功を重視した賃金制度ではなく、企業内の職務を職責に応じて等級に序列化した上で職務等級ごとに賃金の範囲を設定する「職務等級制度」への改革が進みました。

　従来の年功序列型の人事制度から「職務等級制度」をいきなり導入するのはハードルが高いと考えられる場合には、従業員の仕事上の役割を分類化した上で序列化し、その等級ごとに賃金を設定する「役割等級制度」を採用する企業も見られました。

　近時、「ジョブ型」という用語が広く用いられるようになりましたが、日本では、多くの場合、上記の「職務等級制度」や「役割等級制度」のことを「ジョブ型」と呼んでいます。ただし、本来の「ジョブ型」とは、「メンバーシップ型」の対義語であって、職務を特定して雇用する形態であることから、「ジョブ型雇用」と区別して、「ジョブ型人事制度」などと呼ばれています。

　このような仕事の成果や個人の能力を重視する「ジョブ型人事制度」導入の流れは、現代における職務の専門化や高度化、人材の流動化の波にも即したものといえるでしょう。また、「ジョブ型人事制度」では、従来の年功序列型の人事制度よりも、従業員個人の仕事の成果や能力に対する評価が従業員の給与や昇格に直結することから、従業員のモチベーション向上も見込めます。

第1章 | 管理職に求められる対応

3 実務上のポイント

　管理職は、人事評価制度において評価者として部下の評価を行う立場になります。人事評価制度を適正に運用することは、上記のとおり効果的な人材活用や会社の目標達成の促進につながります。そのため管理職としては、自社の人事評価制度を理解した上で、具体的には各制度の下で部下に求められる役割や職務等が何であるかを正確に認識し、日常の部下の業務遂行状況を観察して、その役割や職務等を全うできているかを正確に確認する必要があるといえます。特に役割や職務等を全うできていない事象が見られた場合には、書面において記録した上で、評価結果のフィードバックの際に具体的に指摘しておくことが適切と考えられます。

11

第 2 章

労働契約

Q5

QUESTION

労働契約について考える上での留意点は何ですか。

A

ANSWER

1 労働契約とは

　労働契約とは、労働者が使用者に使用されて労働し、使用者がこれに対して賃金を支払うことを内容とする契約のことをいいます（労働契約法6条）。雇用契約という言葉もありますが、一般的に労働契約と雇用契約は同じ意味であるとされています。労働契約も契約の一つであり、使用者及び労働者の合意によって成立しますが、労働契約の本質は、労働者が使用者の指揮命令に基づいて労務に従事する点にあります。

　労働契約の内容を当事者間で自由に定めることができるとした場合、会社よりも弱い立場にある労働者は、「働きたい人はいくらでもいる」といった理由で、低賃金や長時間労働などの劣悪な労働環境を受け入れざるを得ないことがあります。こうした事態を避けるために労働基準法、労働契約法などの労働法が制定され、契約内容に一定の規律が課されています。例えば、労働契約法では、労働契約の締結や変更に当たっては、労使の対等の立場における合意であること（同法3条1項）、労働契約において労使の均衡が考慮される必要があること（同条2項）、仕事と生活の調和に配慮すること（同条3項）、労働者及び使用者は信義に従い誠実に行動しなければならず、権利を濫用してはならないこと（同条4項及び5項）が基本ルールとして定められています。

14

第2章 | 労働契約

　労働契約に該当するかどうかは実質的に判断され、使用者の指揮命令に基づいて労働するという労働契約の本質を有する契約については、労働法による規律が適用されます。以下に述べるように、業務委託契約など労働契約以外の法形式を用いて契約したとしても、労働契約としての実質を満たす場合は労働法が強制的に適用されますので、労働法に沿わない運用をしていると違法（偽装請負）とされてしまいます。

2　業務委託・労働者派遣と労働契約

　業務委託とは自社の業務を外部に委託することをいい、最近ではアウトソーシングなどと呼称されることがあります。業務委託契約では、労働契約と異なり、委託者が受託者の従業員に対して直接指揮命令を行うことができません。直接指揮命令を行った場合、偽装請負の問題が生じることに留意が必要です。

　他方、派遣会社から派遣社員を受け入れて自社業務を行わせる労働者派遣の場合は、派遣先企業が派遣社員に対して直接指揮命令を行うことが労働者派遣法で認められていますので、直接指揮命令を行ったとしても原則として偽装請負の問題は生じません。

3　出向・転籍と労働契約

　出向とは、労働者が自己の雇用先の企業に在籍したまま、他の企業（出向先）の従業員等となって、一定の期間にわたり、

15

その企業の業務に従事することをいいます。この場合、出向者は出向先との間で労働契約があるため、出向先が出向者に対して指揮命令を行うことに問題はありません。また、転籍とは、現在の使用者（転籍元）との労働契約関係を終了させ、他の企業（転籍先）との間で新たに労働契約関係を成立させ、そこでの業務に従事することをいいます。転籍の場合も、転籍先と転籍者との間で労働契約が存在するため、転籍先が指揮命令を行うことに問題がないことは出向と同様です。ただし、転籍の場合は転籍元との契約関係（労働契約）は終了するため、転籍者が転籍元に対して使用者としての責任を問うことはできない点が出向と異なります。

4　実務上のポイント

　管理職は、現に従業員に対して指揮命令・監督を行う立場にあります。当該従業員と自社との間でどのような契約関係が成立しているのかを把握しておくことは、管理職として適切な指揮命令を行うための大前提として極めて重要です。特に、他社に所属する従業員が社内で働いている場合、もしその従業員が業務委託契約を根拠に働いており、直接指揮命令を行うことができない場合、誤って直接業務命令を発してしまうと偽装請負の責任を問われることにもなりかねません。

第2章 | 労働契約

QUESTION Q6

労働契約上の権利義務はどのように決まりますか。

A 1 労働契約関係を規律する法源とは

「法源」とは、法の存在形式を意味する法律用語であり、ここでは労働契約上の権利義務を発生させる根拠となるものという意味で用います。

労働契約は、使用者及び労働者との間で雇用契約書が作成されるなど両当事者間の合意によって成立するところ、必ずしも当事者間で合意された内容全てがそのまま労働契約の内容になるとは限りません。

まず、公の秩序に関する法規、すなわち、強行法規（当事者の意思によって排除することができない法規）に違反する労働契約は無効です。強行法規性を有する法律には、Q5で述べた労働契約法のほか、労働基準法、男女雇用機会均等法、労働者派遣法等が挙げられます。強行法規の例としては、休憩の付与義務（労働基準法34条）、割増賃金の支払義務（同法37条）、年次有給休暇の付与義務（同法39条）などがあり、これらの規定に違反して無効となった労働条件は、代わりに同法の定めるところによります（同法13条後段）。また、客観的合理性、社会通念上相当性が認められない解雇を無効とする解雇権濫用法理（労働契約法15条）などの強行法規性を有する判例法理もこれに当たります。

次に、労働者によって組織された労働組合及び使用者との間

17

で、主に組合員を対象として労働条件等に関する合意（こうした合意を労働協約といいます）がなされることがあるところ、労働協約に反する労働契約は無効となります（労働組合法16条）。もっとも、労働協約も上述した強行法規には反してはならないとされています。

　さらに、多数の労働者を抱える企業にとって、労働条件を公平・統一的に設定し、職場規律を社内規則として定めておくことが、効率的な事業運営のために必要です。そこで、多くの企業では就業規則という形で職場のルールが定められているところ、就業規則に定められた労働条件がその企業における最低基準となるため、それを下回る労働条件を定める労働契約は無効となります（労働契約法12条）。もっとも、就業規則についても、上述した強行法規及び労働協約には反してはならないとされています。

　以上をまとめると、労働契約上の権利義務は、強行法規、労働協約、就業規則及び労働契約の四つの法源によって基礎付けられ、そして、これらの法源の優劣関係は、強行法規、労働協約、就業規則、労働契約の順に整理されることとなります。

2　労働契約関係における権利義務

　上述のとおり、労働契約の内容は、強行法規、労働協約及び就業規則に反しないことが有効であることの前提となります。そして、有効な労働契約によって発生する使用者及び労働者との間の権利義務の内容は、大きく三つに分けられます。

第 2 章 ｜ 労働契約

　一つ目は、労働契約関係の中心をなす、労働力の提供と報酬の支払に関する権利義務です。労働者は、労働契約で合意された範囲内で労働の内容、遂行方法、場所等に関する使用者の指揮に従った労働を誠実に遂行する義務、すなわち、労働義務を負います。他方、使用者は、こうした労働に対して労働契約で定められた賃金を支払う義務、すなわち、賃金支払義務を負います。

　二つ目は、使用者による労務管理に関する権利義務です。労働者による労働力の提供は、企業という組織体の中で行われるため、企業が取り組む事業を円滑かつ効率的に遂行するためにも組織を管理する権限が使用者に認められています。当該権限には、人事権、業務命令権、組織体としての規律・秩序を設定・維持するための権限があります。もちろん、これらの権限は労働契約に基づき発生するものであるため、上述した法源による制限を受けることになります。労働者は、上記権限を有する使用者の指揮命令関係の下で労働力を提供する義務を負うことになります。

　三つ目は、誠実・配慮の関係における権利義務です。労働契約は、使用者及び労働者との間で、人間的・継続的な関係を築くこととなる関係で、両当事者に対し、信義則上の誠実・配慮義務が発生します。労働契約法 3 条 4 項においても「労働者及び使用者は、労働契約を遵守するとともに、信義に従い誠実に、権利を行使し、及び義務を履行しなければならない」と規定されています。使用者が負う配慮義務としては、労働者の生命・身体の安全を確保するよう配慮する安全配慮義務、職場環

19

境配慮義務、人事に対する配慮義務等が挙げられます。労働者が負う誠実義務としては、秘密保持義務、競業避止義務、使用者の名誉・信用を棄損しない義務等が挙げられます。

3　実務上のポイント

　労働契約の内容は、使用者及び労働者との間で作成された雇用契約書の記載内容のみならず、法令、判例法理、労働協約、就業規則も含めて決定されることになります。したがって、管理職としては、雇用契約書や就業規則の記載が絶対ではなく、記載された内容次第では異なるルールが適用される可能性があることを認識して対応することが求められます。そのため、特に法改正や判例の動向については日常的に関心を持っておくことが大切であり、判断が難しいときは、法律の専門家に助言を求めることも怠ってはなりません。

第2章 | 労働契約

QUESTION

Q7 パートタイム労働者や有期雇用労働者は、法律上、正社員とはどのような点で異なるのですか。

A 1 定 義

正社員は、一般的には、①労働契約の期間の定めがない、②所定労働時間がフルタイム、③直接雇用のいずれの要素も満たす労働者（無期雇用フルタイム労働者）をいうとされていますが、法律上明確に定義付けされているものではありません。他方で、非正規雇用労働者は、パートタイマー、アルバイト、契約社員、臨時社員、準社員など雇用形態に応じた様々な呼称はあるものの、法律上は、「短時間（パートタイム）労働者」は、1週間の所定労働時間が同一の事業主に雇用される通常の労働者の1週間の所定労働時間に比べて短い労働者をいい、「有期雇用労働者」は、事業主と期間の定めのある労働契約を締結している労働者をいうと定義されており（短時間労働者及び有期雇用労働者の雇用管理の改善等に関する法律（以下「パートタイム・有期雇用労働法」といいます）2条）、非正規雇用労働者は、これらの定義のいずれかに分類されることとなります。

パートタイム・有期雇用労働法では、例えば、労働条件に関する文書の交付義務（同法6条）、就業規則の作成手続（同法7条）、不合理な待遇の禁止（同法8条）、通常の労働者と同視すべきパートタイム労働者・有期雇用労働者に対する差別的取扱いの禁止（同法9条）等が定められています。

21

2　非正規社員の活用

　パートタイム労働者や有期雇用労働者については、①定年退職者の再雇用、②経験・知識・スキルのある者の活用、③人件費コスト削減、④正社員として採用するか否かの見極め期間、⑤労働者自身の希望、⑥業務内容及び業務に伴う責任の違い、⑥特殊な時間帯の労働力確保等の理由によって、活用されることが多いとされています。

　もっとも、パートタイム労働者や有期雇用労働者の雇用に当たっては、パートタイム・有期雇用労働法や同一労働同一賃金ガイドラインにより、同一企業内における正社員と非正規社員の間の不合理な待遇の差をなくし、どのような雇用形態を選択しても待遇に納得して働き続けることができるようにすることが事業主に求められています。

　したがって、企業としては、法律やガイドラインに反しない形で非正規社員を雇用する必要はあるものの、これを積極的に活用することで、柔軟な労働力を確保し、ひいては企業価値向上を図ることが考えられます。

3　同一労働同一賃金とは

　パートタイム労働者や有期雇用労働者に関するパートタイム・有期雇用労働法における重要な規律として、同一労働同一賃金の規制があります。これは、同一の事業主に雇用される通

常の労働者とパートタイム労働者・有期雇用労働者との間の不合理と認められる待遇の相違及び差別的取扱いを禁止するものです（同法8条、9条）。

　例えば、同一労働同一賃金ガイドラインによれば、基本給は、労働者の能力又は経験に応じて支払うもの、業績又は成果に応じて支払うもの、勤続年数に応じて支払うものなど、その趣旨・性格が様々である現実を認めた上で、それぞれの趣旨・性格に照らして、実態に違いがなければ同一の、違いがあれば違いに応じた支給を行わなければならないとされています。昇給についても、同一の能力の向上には同一の、違いがあれば違いに応じた昇給を行わなければならないとされています。

　そして、正社員とパートタイム労働者・有期雇用労働者との間で賃金に相違がある場合において、その要因として賃金の決定基準・ルールの違いがあるときは、正社員とパートタイム労働者・有期雇用労働者は将来の役割期待が異なるため、賃金の決定基準・ルールが異なるという主観的・抽象的説明では足りず、賃金の決定基準・ルールの相違は、職務内容、職務内容・配置の変更範囲、その他の事情の客観的・具体的な実態に照らして、不合理なものであってはならないとされています。このことは、賃金以外の労働条件についても同様です。

　事業主には、パートタイム労働者や有期雇用労働者から求めがあったときは、正社員との待遇の相違の内容及び理由等について説明することも義務付けられています（同法14条2項）。

4 実務上のポイント

　同一労働同一賃金の対応が必要になったことに伴い、企業としては、人件費の高騰、待遇差についての説明義務への対応、労働者からの訴訟提起や行政指導を受けるリスク等の課題が発生することが考えられます。他方で、パートタイム労働者・有期雇用労働者も通常の労働者と同様の待遇を受けられることにより、パートタイム労働者・有期雇用労働者として働きたいという意欲的な労働者が増加することも考えられるほか、それに伴い、労働者のモチベーションアップ、業務効率の向上といった効果も考えられるところです。

　配下に非正規雇用労働者を有する管理職としても、非正規雇用労働者の待遇の問題について無関心であってはなりません。配下の正社員及び非正規雇用労働者の労働条件・待遇に問題があると考える場合には、自ら又は人事部門に働きかけてその是正を図ることが考えられます。待遇の問題に限らず、職場において非正規雇用労働者に対する差別的な風潮があれば廃絶し、全ての社員がその能力を十分に発揮できる環境を整備することが管理職にとって大切です。

労働契約の変更を行う場合の留意点は何ですか。

1 労働条件の変更方法

　企業が事業を遂行していく中で、経済状況や企業の経営環境の変化等に鑑み、労働者との間で締結した労働契約の内容である労働条件の変更が必要になることが考えられます。その変更には、主には使用者と労働者との間の合意によって変更する方法（下記2）、就業規則を変更することによって変更する方法（下記3）の二つがあります。もっとも、以下で説明するように、労働条件を一方的に不利益に変更することは、労働者とのトラブルにつながる可能性が高く、また、裁判例においてもそうした変更の有効性を認めなかった例が多数存在します。

2 労使の合意による労働条件の変更

　まず、労使の合意によって労働条件を変更することについては、労働契約法8条でも「労働者及び使用者は、その合意により、労働契約の内容である労働条件を変更することができる」と定められており、不利益変更であっても両当事者の合意によって変更は可能です。当事者の合意により契約内容を変更できることは、契約の一般原則であり、労働契約についても当てはまります。

　もっとも、同意の有効性について、山梨県民信用組合事件

（最二小判平成28年2月19日労判1136号6頁）では、労働条件の変更が賃金や退職金に関するものである場合には、「当該変更に対する労働者の同意の有無についての判断は慎重にされるべき」とした上で、「当該変更を受け入れる旨の労働者の行為の有無だけでなく、当該変更により労働者にもたらされる不利益の内容及び程度、労働者により当該行為がされるに至った経緯及びその態様、当該行為に先立つ労働者への情報提供又は説明の内容等に照らして、当該行為が労働者の自由な意思に基づいてされたものと認めるに足りる合理的な理由が客観的に存在するか否かという観点からも、判断されるべき」と判示しています。そのため、明示的に書面による同意を取得することに加えて、同意の取得に先立ち、労働条件の変更の必要性や変更内容を説明するための従業員向け説明会（具体的にどのような不利益を負うこととなるのかの説明）を開催するなど、労働者側への説明や意見交換の機会を設け、労働者が変更の内容を理解した上で同意を取得することが必要です。また、労働者側の不利益が大きい場合には、一定の経過措置や代償措置を設けることで労働者の納得を得ることも考えられます。

3　就業規則変更による労働条件の変更

　次に、就業規則を変更する場合について、原則として、就業規則の変更により労働者に不利益に労働条件を変更することはできませんが（労働契約法9条）、同法10条において「変更後の就業規則を労働者に周知させ、かつ、就業規則の変更が、労働

者の受ける不利益の程度、労働条件の変更の必要性、変更後の就業規則の内容の相当性、労働組合等との交渉の状況その他の就業規則の変更に係る事情に照らして合理的なものであるときは、労働契約の内容である労働条件は、当該変更後の就業規則に定めるところによるものとする」と例外的に就業規則変更によって労働条件を変更することが認められています。

　すなわち、労働者への周知と変更の合理性という二つの要件を充足する場合には、就業規則変更により労働条件を変更することができ、就業規則変更による労働条件の変更に同意しなかった労働者についても、変更後の就業規則が定める労働条件が労働契約の内容となります。ただし、この場合も、合理性の判断に当たって「就業規則の変更に係る事情」が考慮されますので、従業員の理解を得るため、上記2の場合と同様に、従業員への説明や意見交換のための機会を設けることが考えられます。また、「労働者の受ける不利益」を緩和するための経過措置や代償措置を設けることも考えられます。

　なお、労働者との個別の合意において、使用者と労働者との間に就業規則の変更によっては変更されないとの労働条件を特に定めていた場合には、就業規則変更によっても契約内容を変更できない点は留意が必要です。

　また、労働協約を締結している場合には、就業規則の変更を行ったとしても、変更後の就業規則の内容が労働協約に反している場合、労働協約の定めの方が就業規則に優先するため、労働条件の変更が認められないことがある点も留意が必要です。

4 実務上のポイント

　労働条件の不利益変更については、具体的事情に基づき、当該変更が認められるか否か判断されることになりますが、多くの判例が集積されているところでもありますので、明示的な同意を労働者から取得する場合も含め、不利益変更を行う際には、変更後の労働条件の内容、不利益の程度、変更後の内容自体の相当性、代償措置、労働組合との交渉経緯、従業員への説明状況、経済情勢等が重要な考慮要素であることを踏まえ、判例で考慮された事情と今回行おうとしている不利益変更の事情を比較しつつ、対応策を検討することが大切です。

　管理職としても、労働条件を変更することについて従業員の理解を得られるよう、働き掛けが求められることも考えられるため、以上の仕組みを理解しておく必要があります。

第 3 章

労働時間管理

Q9 労働時間の考え方について教えてください。

A 1 はじめに

「労働時間」という概念は、広義には、所定労働時間（労働契約上の始業時刻から終業時刻までの時間から休憩時間を除いた時間）、実労働時間（労働者が実際に労働した時間）、法定労働時間（労働基準法上、1週間及び1日の実労働時間の原則的な上限とされている時間）といった複数の概念を含むことがあり、狭義には、これらのうち実労働時間を意味します。

管理職が部下の労働時間を管理するという文脈において用いられる「労働時間」という概念は、上記のうち実労働時間を意味するため（Q10参照）、以下では実労働時間（以下単に「労働時間」といいます）について解説します。

2 「労働時間」の定義

労働時間とは、労働者が使用者の指揮命令下に置かれている時間をいい、労働時間に該当するか否かは、労働者の行為が使用者の指揮命令下に置かれたものと評価することができるか否かにより客観的に判断されます（最判平成12年3月9日民集54巻3号801頁〔三菱重工長崎造船所事件〕）。

したがって、所定労働時間外であっても、労働者の行為が使用者の指揮命令下に置かれたものと評価できる場合には、労働

第3章 | 労働時間管理

時間に該当し、他方で、所定労働時間内であっても、遅刻、早退等により使用者の指揮命令下に置かれたものと評価できない部分は、労働時間に該当しないことになります。

3 問題となりやすい場面

労働時間に該当するか否かが問題となりやすい場面としては、(1)始業時刻・終業時刻前後の時間、(2)不活動時間、(3)研修活動等の時間、(4)自発的な業務遂行の時間等があります。

(1) 始業時刻・終業時刻前後の時間

始業時刻・終業時刻前後には、業務の準備や片付け（着替え、清掃等）が行われることがあるところ、こうした行為が使用者の指示により事業場内で行われた場合には、こうした行為に要した時間は労働時間に該当します（厚生労働省「労働時間の適正な把握のために使用者が講ずべき措置に関するガイドライン」（以下「適正把握ガイドライン」といいます）3・ア）。

(2) 不活動時間

職種によっては、実作業の合間に不活動時間（待機時間、仮眠時間等）が発生する場合があります。

待機時間（例えば、接客担当の従業員が、店内に顧客がいないため何ら作業していない時間等）については、使用者の指示があれば即時に業務に従事することを求められており、労働から離れることが保障されていない状態で待機等している場合には、

31

いわゆる手待時間として労働時間に該当します（適正把握ガイドライン3・イ）。また、仮眠時間については、実作業への従事がその必要が生じた場合に限られるとしても、労働からの解放が保障されていない場合には、労働時間に該当します（最判平成14年2月28日民集56巻2号361頁〔大星ビル管理事件〕）。

⑶　研修活動等の時間

所定労働時間外に行われる研修活動、学習等の時間も、参加することが業務上義務付けられている場合や、使用者の指示により行っている場合には、労働時間に該当します（適正把握ガイドライン3・ウ）。

⑷　自発的な業務遂行の時間

労働者が自発的に早出、残業等により業務を遂行している場合であっても、これを使用者が黙認していたなどの事情があるときは、黙示の指示があったものとして労働時間に該当する可能性があります（大阪高判平成13年6月28日労判811号5頁〔京都銀行事件〕）。

4　実務上のポイント

部下の労働時間管理を行う管理職としては、労働時間に該当するか否かは、就業規則等の内容、明示的な指示の有無等の形式的な事情ではなく、実質的に労働者の行為が使用者の指揮命令下に置かれたものと評価できるか否かにより客観的に判断さ

れることに留意するとともに、労働時間の該当性が問題となりやすい場面やその場合の基本的な考え方（前記3）を把握しておくことが有用であると考えられます。

　これらの場面のうち、特に、自発的な業務遂行（前記3(4)）については、実際にそのような事態に直面する機会が多いと考えられます。こうした場面において部下の残業等に対して何らの対応も取らない場合には、黙示の指示があったものとして労働時間に該当すると判断される可能性が否定できないため、残業等を禁じるのであれば、その旨明確に部下に伝える必要があり、繰り返しの指導にもかかわらず改善が見られない場合には、必要に応じて人事・法務部門とも連携して対処する必要があります。

Q10 労働時間管理について労働基準法はどのように定めていますか。

A 1 法定労働時間と時間外労働

労働基準法上、原則として、1日8時間、1週40時間を超えて労働をさせることは禁止されています（同法32条）。労働時間の上限として定められた時間を「法定労働時間」といい、法定労働時間を超える時間の労働を「（法定）時間外労働」又は「法定外残業」といいます。また、原則として週1日は休日とする必要があり（同法35条1項）、こうした休日を「法定休日」、法定休日の労働を「（法定）休日労働」といいます。

時間外・休日労働については、①これを命じるためには36協定（後述）等が必要である、②割増賃金の支払義務が生じる、③時間外労働の上限規制の対象となるという点で、法定労働時間内の労働と異なるため、管理職が部下の労働時間を管理するに当たっては、労働時間（実労働時間）が法定労働時間を超えていないか、また、法定休日に及んでいないかという観点が重要となります。

なお、就業規則で定めた標準的な労働時間である所定労働時間を超える労働を「時間外労働」「残業」等と呼ぶこともありますが、所定労働時間は法定労働時間と必ずしも一致しないため（Q9参照）、所定労働時間とは別に、法定労働時間にも留意して時間管理を行う必要があります（以下では法定時間外労

34

働を「時間外労働」といいます）。

2　時間外労働と36協定

　時間外労働が原則として禁止されていることは上述のとおりですが、以下の場合には、例外的に可能であるとされています。

①　災害等による臨時の必要がある場合（労働基準法33条１項）

②　労働者の過半数で組織する労働組合又は労働者の過半数を代表する者との間で書面による協定（いわゆる「36（さぶろく）協定」）を締結して、これを労働基準監督署に届け出た場合（同法36条１項）

　通常の場合に時間外労働の根拠として想定されるのは上記②であるところ、36協定では、ⓐ時間外・休日労働の対象労働者の範囲、ⓑ対象期間（１年間に限ります）、ⓒ時間外・休日労働をさせることができる場合、ⓓ１日、１か月、１年の各期間の時間外・休日労働の上限、ⓔその他厚生労働省令で定める事項（有効期間等）が定められ（同条２項）、その範囲内であれば、時間外労働をさせても労働基準法違反とはなりません。

3　時間外労働の上限規制

　36協定に記載すべき事項のうち、１日、１か月、１年の各期間の時間外・休日労働の上限（上記ⓓ）については、当該事業場の業務量、時間外労働の動向その他の事情を考慮して通常予

見される時間外労働の範囲内において、限度時間を超えない時間に限られます（労働基準法36条3項）。

また、上記の限度時間は、月45時間、年360時間（変形労働時間制の場合は月42時間、年320時間）を超えてはならないとされています（同条4項）。

ただし、当該事業場における通常予見することのできない業務量の大幅な増加に伴い臨時的に限度時間を超えて労働させる必要がある場合には、上記の限度時間を超えて一定の時間労働させることができる旨の定め（いわゆる「特別条項」）を設けることができ（同条5項）、特別条項に基づく場合には、以下の①〜④を満たす範囲内で、上記の限度時間を超えて労働させることができます。

① 時間外労働が年間720時間以内であること

② 時間外労働と休日労働の合計が月100時間未満であること

③ 時間外労働と休日労働の合計につき、2〜6か月それぞれの平均が全て1月当たり80時間以内であること

④ 時間外労働が月45時間を超える月が年間6か月以内であること

なお、従前は、厚生労働省の告示で一定の限度時間が定められていたものの、法的拘束力はなく、特別条項による延長の上限もなかったところ、上記の上限規制は、いわゆる働き方改革の一環として、2019年4月から、特別条項による延長の場合も含めた法的拘束力のある基準として導入（施行）されたものです。

第 3 章 ｜ 労働時間管理

4　労働時間規制に違反した場合の制裁

　法定労働時間・法定休日に係る制限又は時間外労働の上限規制に違反した場合には、刑事罰（6 か月以下の懲役又は30万円以下の罰金）を科される可能性があります（労働基準法119条 1 号）。

5　実務上のポイント

　管理職が部下の労働時間を管理するに当たっては、上記の法定労働時間・法定休日に関する制限や時間外労働の上限規制を十分に理解するとともに、各期間における部下の時間外労働の合計時間をふだんから正確に把握しておくことが重要です。その上で、上記各規制に違反するおそれのある部下に対しては、必要に応じて仕事量の調整、年休取得の推奨等の配慮をすることが考えられます。

37

QUESTION

Q11 安全配慮義務と労働時間管理の関係はどのように

なっていますか。

ANSWER

A 1 安全配慮義務とは

　使用者は、労働契約に伴い、労働者がその生命、身体等の安全を確保しつつ労働することができるよう、必要な配慮をするものとされています（労働契約法5条）。こうした義務を「安全配慮義務」といいます。

2 安全配慮義務と労働時間管理の関係

　使用者は、安全配慮義務の一つとして、その雇用する労働者に従事させる業務を定めてこれを管理するに際し、業務の遂行に伴う疲労や心理的負荷等が過度に蓄積して労働者の心身の健康を損なうことがないよう注意する義務を負っています（最判平成12年3月24日民集54巻3号1155頁〔電通事件〕）。

　この点、厚生労働省の「血管病変等を著しく増悪させる業務による脳血管疾患及び虚血性心疾患等の認定基準について」（令和3年9月14日基発0914第1号）によれば、時間外労働（Q10参照）がおおむね月45時間を超えて長くなるほど、業務と脳・心臓疾患の発症との関連性が徐々に強まり、さらに、発症前1か月間におおむね100時間又は発症前2～6か月間におおむね月80時間を超える場合には、業務と脳・心臓疾患の発症との関

38

連性が強いとされています。

　また、厚生労働省の「心理的負荷による精神障害の認定基準について」（令和5年9月1日基発0901第2号）によれば、おおむね月100時間の時間外労働があった場合には、他の出来事とあいまって心理的負荷が強いと認められる可能性があり、さらに、時間外労働が発病前1か月間におおむね160時間を超え、又はこれに満たない期間に同程度であった場合には、そのことのみで心理的負荷が強いと認められるとされています。

　このように、長時間労働は、「業務の遂行に伴う疲労や心理的負荷等が過度に蓄積して労働者の心身の健康を損なう」要因となるため、使用者は、安全配慮義務を果たすため、労働時間管理を適切に行う必要があります。

3　関係法令との関係

(1)　労働基準法との関係

　労働基準法上、時間外・休日労働に関する規制、時間外労働の上限規制等が設けられているため、少なくともこれらの規制は遵守する必要があります（Q10参照）。もっとも、労働基準法上許容されている時間外労働（36協定に基づく時間外労働等）や同法上の労働時間に関する原則的な規律が適用されない者（管理監督者、みなし労働時間制の対象者等）についても、安全配慮義務の対象となるため、安全配慮義務を果たしたというためには、同法上の規制を遵守するだけでは必ずしも十分でないこ

とには留意が必要です。

⑵　労働安全衛生法との関係

　労働安全衛生法上、使用者は、労働時間の状況を把握し（同法66条の8の3）、労働者の時間外・休日労働時間に応じて医師による面接指導を実施するなどの義務を負っています（同法66条の8第1項、66条の8の2第1項等）。こうした義務を適切に果たすことは、労働者の健康確保につながり、ひいては安全配慮義務を果たすことにもつながるといえます。

4　副業・兼業との関係

　近年、副業・兼業を行う労働者が増加傾向にあるところ、厚生労働省の「副業・兼業の促進に関するガイドライン」（2022年7月改定）によれば、使用者が、労働者の全体としての業務量・時間が過重であることを把握しながら、何らの配慮をしないまま、労働者の健康に支障が生ずるに至った場合等には、安全配慮義務違反について問題となり得るとされています（同ガイドライン6頁）。そのため、副業・兼業を行っている労働者については、副業・兼業を含めた労働時間が過重となっていないかに留意する必要があります。

5　実務上のポイント

　労働時間を適正に把握することは、長時間労働の傾向にある

労働者に対して、健康を損なわないための配慮を行う契機となる点で重要です。また、労働時間をふだんから適正に把握することで、長時間労働に至る前段階でその危険を認識し、長時間労働自体の防止にも資するといえます。

　管理職としては、配下の労働者が長時間労働の傾向にあることが確認された場合には、必要に応じて業務量の調整や医師による面談指導等を行うことが考えられます。また、副業・兼業により業務量が過重となっている労働者については、就業規則等に基づき副業・兼業の制限等を行うことも検討に値します。

　なお、「配慮」という言葉は、管理職から部下に対する一方的なものにも聞こえますが、こうした語感にとらわれすぎず、部下自身にも自らの労働時間管理及び健康管理の重要性を認識させ、部下とともに効率的かつ健全な働き方を目指すという意識も重要であると考えられます。

Q12 労働時間はどのようにして把握すべきですか。

A 1 労働時間の管理義務

　労働基準法や労働安全衛生法の下、使用者は、労働者の労働時間を適正に把握・管理する義務があります。厚生労働省は適正把握ガイドライン（Q9参照）を策定し、労働時間を客観的に把握するための方法や留意点等を公表しています。なお、管理監督者（労働基準法41条2号）等の一部の従業員については適正把握ガイドラインが適用されませんが、これらの者について適正な労働時間の管理をしなくてよいというわけではなく、健康確保を図る必要上、過大な長時間労働を行わせないようにするなど、通常の労働者と同様に適正な労働時間管理を行う必要があることには注意が必要です。

2 労働時間の適正な把握のために講ずべき措置

　事業場において労務管理を行う責任者は、当該事業場内における労働者の労働日ごとの始業・終業時刻を確認し、記録することが求められます。

　この点、適正把握ガイドラインでは、始業・終業時刻を確認し記録する方法として、①使用者が自ら現認することにより確認し適正に記録する方法、②タイムカード、ICカード、パソコンの使用時間の記録等の客観的な記録を基礎として確認し適正

第3章 | 労働時間管理

に記録するという方法を原則としており、同ガイドラインに沿って客観的に労働時間を把握できる仕組みを整備する必要があります。

3 実務上のポイント

(1) 労働時間に関する理解

労働時間管理の前提として、まず、管理職は、何が労働時間に該当するのかについて十分に理解することが重要です。更に言うと、管理職が労働時間の概念について理解することは、適正な労働時間の把握を行う上で重要です。

すなわち、労働時間該当性は、使用者の指揮命令下に置かれているかどうかで客観的に定まるものであり、終業時刻を過ぎていたとしても、業務に従事していれば労働時間に該当します。また、自宅に仕事を持ち帰って作業した場合であっても、それが使用者の明示又は黙示の指示に基づいて行われていた場合は、やはり労働時間に該当します。

(2) 労働時間の管理・把握方法

現在は、タイムカードやICカードを用いて勤怠管理を行っている企業が多いと思われますが、例えば、タイムカードに終業の打刻をした後に、引き続き業務を行わせていれば、それは当然労働時間に該当します。また、明示の指示がなかったとしても、作業量やスケジュールの関係上、客観的に見て終業後に作

43

業することを余儀なくされていれば、黙示の指示に基づき労働に従事しているものとして同様に解されます。このように、タイムカードの打刻後に労働が行われている実態があれば、終業時刻が適切に記録されていないことになり、適正に労働時間を把握していないと評価されかねません。残業を少なく見せるため、作業途中の打刻を指示して作業が終了したように見せ掛け、その後も作業を行わせてはならないのはもちろん、従業員が自発的に残って作業をすることも容認してはならず、そのような状況を把握した場合、時間外労働として申告させるか、そうでなければ速やかに帰宅させなければなりません。

　このほか、事業場外での作業、例えば終業時間後にパソコン等を自宅に持ち帰って作業した場合（以下「持ち帰り残業」といいます）であっても、当該作業が使用者の明示又は黙示の指示に基づいて行われていれば、同様に労働時間に該当します。また、使用者が把握しない形でそのような作業が行われている実態があれば、やはり労働時間を適正に把握しているとはいえません。無許可の持ち帰り残業については社内のルールとして明確に禁止した上、そのことを周知徹底し、無許可で行われている場合はやめさせたり、使用者の許可を得たテレワークの場合にも自宅で作業している時間を把握するための仕組みを整備したりすること（例えば、パソコンの使用時間を把握できるようにするなど）が適正な労働時間の把握のために必要です。

第3章 | 労働時間管理

QUESTION Q13

労働時間の自己申告制を採用する際の留意点は何ですか。

A 1 労働時間の客観的把握の原則

適正把握ガイドラインによれば、労働時間は、原則として使用者による現認やタイムカード等の方法で客観的に把握される必要性があるとされており、自己申告による労働時間の把握は、やむを得ず客観的な方法により把握し難い場合における例外的措置と位置付けられています。この点、以下で詳述するように、例えば事業場外で業務を行っていることが多いという働き方の実態がある場合には、自己申告制による労働時間の把握が許容されると考えられます。

2 自己申告制のメリット・デメリット

(1) 自己申告制のメリット

労働時間を自己申告制にすることにより、事業場外での労働時間の把握がしやすくなります。例えば、外出や出張、直行直帰など、事業場外で業務を行うことが多い従業員の場合、社内での労働時間管理が難しいため、自己申告制によらなければ労働時間管理が困難です。また、直行直帰が可能であるにもかかわらず、終業時刻を打刻するためだけに職場に戻らせるのも不

45

合理であり、そのような場合には自己申告制を採用することにより不要な時間外労働の削減につながるといった労務管理上のメリットもあります。

⑵ 自己申告制のデメリット

一方で、自己申告制では労働時間が正しく申告されない可能性があります。例えば、従業員がミスにより残業をした場合にミスを隠すため残業をしたことを申告しないことや、長時間労働をしているにもかかわらず、そのことを会社に対して隠すために（仕事ができないと思われたくないなどと考え）、真実の実労働時間を申告しないという事態も考えられます。また、残業代を得る目的で労働時間を過大に申告することも考えられます。適正把握ガイドラインにおいて、自己申告制は例外的方法であるとされ、客観性を補完するための措置が求められていることから、社内での申告フローが複雑になり、手続的なミスが生じて従業員が適切に労働時間を申告できないという事態が生じる可能性もあります。

3 実務上のポイント

冒頭でも述べたとおり、自己申告制が許容されるのは客観的な把握が困難な例外的な場合に限られます。そのため、直行直帰の場合であっても、事業場外から社内システムにアクセスして客観的に労働時間を把握できる場合は、自己申告制を採用することはできません。

第3章 | 労働時間管理

　また、自己申告制を導入する場合、従業員に労働時間を適切に申告する意識が欠けていたり、社内での運用方法が定まっていなかったりすると、かえって労務管理上混乱を招く場合もあります。そこで、管理職としては、自己申告制を導入する際には、適正把握ガイドラインに定められた以下の点に留意する必要があります。

⑴　従業員に対し自己申告制について十分な説明を行う

　どのような時間が労働時間に含まれるのかということや、労働時間の適正な把握が従業員に対する適正な賃金の支払や健康管理につながることを説明し、労働時間の申告を適正に行うことの重要性について理解を得ることが必要になります。この点、自己申告による労働時間の把握体制を導入する場合には、導入後しばらくは従業員も自己申告制に慣れず、適正な労働時間の申告がなされない可能性があります。管理職は、導入直後は各従業員の日々の労働時間に対して通常以上に気を配り、声掛け等の措置を講じる必要があります。

⑵　申告フローをできるだけ単純化する

　自己申告制の肝は従業員に適正な労働時間を申告してもらう点にあるため、申告フローは従業員にとって分かりやすく使いやすい方法を導入するべきです。

　例えば、労働時間を自動で計算できるようにした表計算ソフトへの入力、社内所定の書類の提出、メールでの報告、勤怠管理ソフト上での申告などのフォーマットを整えることが考えら

47

れます。また、自己申告のフローについてマニュアルを作成し社内で公開するなど制度の周知徹底や、不明点があれば随時受け付ける体制を整えることも重要です。

　なお、労働時間の状況を自己申告により把握する場合、むやみに申告までの間を空けるべきではなく、その日の労働時間の状況は翌営業日までに自己申告させるのが適切ですので、特定の時間に一斉メールなどでリマインドを行うことも有効であると考えられます。

⑶　必要に応じ労働時間の実態調査を行う

　自己申告制は従業員による適正な申告を前提として成り立つものではありますが、申告の間違いや過少・過大な申告のおそれもあることから、管理職は、自己申告により把握した労働時間が実際の労働時間と合致しているか否かについて必要に応じ実態調査を行い、所要の労働時間の補正をすることが求められます。特に、入退場記録やパソコンの使用時間の記録など、事業場内にいた時間が分かるデータを有している場合に、従業員からの自己申告により把握した労働時間と当該データで分かった事業場内にいた時間との間に大きな乖離が生じているような場合には、実態調査を行い、労働時間の補正をすることが必要です。

⑷　自己申告した時間を超えて事業場内にいる場合には理由を適正に報告させる

　自己申告した時間以上に事業場内にいる理由につき、「休憩

や自主的な研修、学習等に充てた時間である」（つまり労働時間ではない）と報告される場合があります。しかし、実際に業務に従事していたと認められる場合には、従業員からの報告内容にかかわらず、その時間も労働時間として扱わなければなりません。当該時間居残っていたことについての上長からの指示の有無を含め、居残っていた理由を報告させるとともに、当該報告の内容が正しいか否かも確認することが必要です。

　あわせて、管理職としては、労働時間だったのではないかとの誤解を招かないよう、終業後むやみに部下が居残っていることがないか確認するのが適当です。

⑸　労働者による適正な申告を阻害しない

　従業員が自己申告できる時間外労働の時間数に上限を設け、上限を超える申告を認めない等、従業員による労働時間の適正な申告を阻害する措置を講じてはならないことは当然です。それにとどまらず、管理職としては、時間外労働時間を削減するために講じている事業場の措置により、かえって従業員による虚偽の申告を誘発することになっていないかなどを確認することが必要です。

　また、管理職としては、従業員らとコミュニケーションを取ることをふだんより心掛け、話しやすい、相談しやすい環境を整えることが、適正に労働時間を把握することにもつながります。

QUESTION

Q14 フレックスタイム制を採用する場合の留意点は何ですか。

ANSWER

A 1 制度の趣旨

　フレックスタイム制（労働基準法32条の3）とは、日々の始業・終業時刻・労働時間を労働者が自ら決めることができる制度です。その趣旨は、プライベートや仕事の都合は日々変化するところ、各自の都合に合わせて始業・終業時刻を変更できるようにして、労働生産性やワークライフバランスの向上を図ることにあります。

2 制度の概要

　通常の労働時間制度とフレックスタイム制を比較すると［図表］のイメージになります。

　例えばフレキシブルタイムが「出社：6時～11時、退社：16時～21時」と定められている場合には、これらが出社・退社のフレキシブルタイムであり、11時～16時がコアタイムとなります。

　清算期間が1か月のフレックスタイム制では、長時間労働とならないように、1か月当たりの労働時間が「1か月の日数×40時間÷7日」と決められており、例えば4月であれば「30日×40時間÷7日＝171.4時間」が上限となります。1か月の労

第3章 | 労働時間管理

[図表]

■ 通常の労働時間制度

■ フレックスタイム制（イメージ）

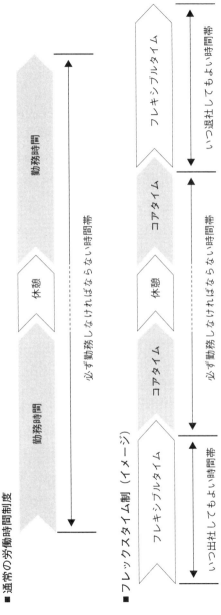

出所：厚生労働省「フレックスタイム制のわかりやすい解説&導入の手引き」3頁

働時間がこの上限時間を超過した場合には時間外労働となり、割増賃金の支払が必要となるほか、36協定による制限を受けます。

また、フレックスタイム制の清算期間は、1か月を超えることもでき、最長で3か月に設定できます。1か月を超える場合には、清算期間全体では「清算期間全体の日数×40時間÷7日」が労働時間の上限となるほか、さらに1か月ごとの上限も「1か月の日数×50時間÷7日」と設定されます。このため、まず1か月が経過するたびに1か月ごとの上限（週50時間で計算した上限）を超過する時間数が時間外労働と扱われ、さらに清算期間が終わった段階で清算期間全体の上限（週40時間で計算した上限）を超過する時間数（ただし、1か月ごとの上限を超過したとして既に時間外労働と扱った時間数は除く）が時間外労働と扱われます。

3　実務上のポイント

フレックスタイム制は労働生産性向上にも役立つと述べましたが、自ら労働時間を適切に管理できない者に適用した場合、かえって労働生産性を低下させることもあります。管理職としては、フレックスタイム制を適用する際に下記の事項に留意する必要があります。

⑴　通常以上に労働時間管理に気を配る

通常の労働時間制度であれば、月の途中で残業時間数が多く

なるとアラートを示す仕組みを設けることにより長時間労働に気付くこともできますが、フレックスタイム制では上記のとおり月末に初めて時間外労働時間数が確定するため途中で気付くことができない可能性があります。このため、管理職としては、各社員の日々の労働時間に対して通常以上に気を配る必要があります。

⑵　原則として出社強制しない

フレキシブルタイムにおいては労働者が自由に始業・終業時刻を決定できるという制度である以上、フレキシブルタイムに会議を設定して出社を求めることは制度趣旨に反するため基本的に許容されません。このため、会議はなるべくコアタイムで設定する、難しければあらかじめ部下に対してフレキシブルタイムでの会議実施を説明し、同意の下、出席してもらう等の対応をすることになります。

⑶　所定労働時間に満たない労働者の扱い

清算期間における労働時間が所定労働時間に満たない場合に関しては、会社のフレックスタイム制に関する規程の内容によっては、当該不足時間分の賃金を控除すること（欠勤扱いにすること）ができます。

また、このように所定労働時間に満たないという事態は、当該労働者が自分で適切に労働時間を管理できないために発生しているものと考えられます。この点についても、フレックスタイム制に関する規程に定めがあれば、会社の判断でフレックス

タイム制の適用対象者から当該労働者を除外することができます。

　以上の対応をするに当たっては、まずフレックスタイム制に関する規程の内容を確認するようにしてください。

⑷　その他の留意点

　通常の労働時間制度よりも部下が一同に会する機会が減りますので、意識的に社内コミュニケーションの場をコアタイムで設ける等の工夫も必要となります。

第3章 | 労働時間管理

QUESTION Q15

変形労働時間制を採用する場合の留意点は何ですか。

A 1 制度の趣旨

変形労働時間制とは、単位となる一定の期間について、所定労働時間の平均が法定労働時間（週40時間）の枠に収まっていれば、1週又は1日の法定労働時間の規制を解除できるという制度です。その趣旨は、時期により業務の繁忙度合いに差がある場合や交代制を採用している場合などにおいて、繁忙期の労働時間を長くし、閑散期の労働時間を短くするといった形で労働時間管理を柔軟に行えるようにする点にあります。変形労働時間制を採用することにより36協定の締結や割増賃金の支払をすることなく、原則的な法定労働時間を超えた労働をさせることができます。

現行法では、1か月単位、1年単位、1週間単位の三つの変形労働時間制が認められています。

2 変形労働時間制の概要

1か月単位の変形労働時間制（労働基準法32条の2）では、1か月以内の一定期間を平均したときに、1週間当たりの労働時間が40時間を超えない定めを労使協定又は就業規則で定めることにより、1週又は1日の法定労働時間を超えて労働させる

55

ことができます。このとき、労働時間が不規則となることにより労働者の生活に与える影響を可能な限り小さくする観点から、期間の単位である１か月間における各日・各週の労働時間を具体的に特定する必要があります。

　１年単位の変形労働時間制（同法32条の４）では、１か月を超え１年を超えない一定の期間を平均したときに、１週間当たりの労働時間が40時間を超えない定めを労使協定で定めることにより、法定労働時間を超えて労働させることができます。１年単位においても１か月単位と同様に、一定の期間における各日の労働時間を具体的に特定する必要があります。さらに、１年単位では、変形労働時間制の期間が長期間となるため、期間内の所定労働日数は１年で280日を限度とし、１日の労働時間も１日10時間、１週52時間が限度となり、連続労働日数も６日が限度となります。

　１週間単位の変形労働時間制（同法32条の５）では、小売業、旅館、料理店、飲食店であって、常時使用する労働者が30人未満の事業であれば、労使協定で定めることにより、１日10時間まで労働させることができます。このとき、１週の各日の労働時間については、労働者に対して、単位となる１週間が開始する前に書面で通知をする必要があります。

3　実務上のポイント

　変形労働時間制を採用することにより、使用者側の立場から柔軟に労働時間を設定することが可能となります。そのため、

1か月単位の変形労働時間制は、主に1か月間で業務の繁忙度の変化が激しい企業や深夜交代制を採用する企業において広く用いられています。1年単位の変形労働時間制は、主に季節によって繁忙度が変化するデパートや結婚式場などで用いられています。1週間単位の変形労働時間制は、その日ごとで繁忙度が異なる小売業、旅館、料理店、飲食店において用いられることを想定していますが、利用例は多くありません。業務量の実態を踏まえ、時期による繁忙度の変動が大きい場合には、変形労働時間制の採用も検討に値します。

仮に、変形労働時間制を採用する場合には、労使協定や就業規則で定めなければならない要件が詳細に決められているため、法定の要件を充足していることを確認する必要があります。また、実労働時間が労働時間の総枠を超えた場合には、時間外労働として取り扱われる点にも注意が必要です。

実務上の留意点として、1か月単位及び1年単位の変形労働時間制については、労働日や労働時間を就業規則で事前に具体的に特定できているかが極めて重要です。この点、日本マクドナルド事件（名古屋高判令和5年6月22日労経速2531号27頁／名古屋地判令和4年10月26日労経速2506号3頁）では、1か月単位の変形労働時間制について、就業規則において勤務シフトの原則形態を四つ記載するものの、就業規則に記載がない各店舗独自の勤務シフトを利用した勤務割の作成を行っていたのでは、就業規則によって各日・各週の労働時間を具体的に特定したとはいえないとし、労働基準法32条の2の「特定された週」または「特定された日」の要件を充足せず、変形労働時間制を無効と

判断しました。勤務シフトを作成して変形労働時間制における各日・各週の労働時間を特定する場合には、全てのシフトを就業規則において定めなければ特定されたとはいえないことになってしまうため、現場の管理職としては、変形労働時間制を前提にシフトを作成する場合には、就業規則による特定という要件を満たしているかにも注意する必要があります。

　変形労働時間制は、使用者側にとっては労働者の労働時間を柔軟に設定することができるため便利な制度ではありますが、その一方で労働者の生活設計を損なわない範囲で運用されなければなりません。そのためには、従業員とコミュニケーションを取り、従業員の各日の労働時間に対する予測可能性を高めることが重要です。

第3章 | 労働時間管理

QUESTION Q16

裁量労働制を採用する場合の労務管理はどのように行えばよいですか。

A 1 裁量労働制の趣旨

裁量労働制とは、業務の性質上その業務を遂行するに当たって労働者の裁量に委ねる必要がある場合には、実労働時間ではなく、労使協定や労使委員会の決議によって事前に定められた時間数労働したものとみなすという制度です。その趣旨は、労働の専門性・多様性が高まったことにより、従来のように労働時間に着目した取扱いよりも、労働の質に着目した取扱いが適した場面に対応する点にあります。

2 裁量労働制の概要

裁量労働制には、専門業務型裁量労働制（労働基準法38条の3）と企画業務型裁量労働制（同法38条の4）の二つの類型が存在します。

専門業務型裁量労働制では、研究開発、情報処理システムの分析・設計、取材・編集、デザインの考案、プロデューサー・ディレクター、コピーライター、システムコンサルタント、インテリアコーディネーター、ゲーム用ソフトウェアの創作、証券アナリスト、金融商品の開発、大学での教授研究、公認会計士、弁護士、建築士、不動産鑑定士、弁理士、税理士、中小企

59

業診断士の業務について（なお、2024年4月1日からは、銀行又は証券会社において、顧客に対し、合併、買収等に関する考案及び助言をする業務についても対象に含まれました）、事業場ごとに過半数の労働者で組織する労働組合又は過半数の労働者の代表者と労使協定を締結し、所轄労働基準監督署長に届け出ることで、労使協定で定めた時間の分だけ労働したものとみなすことができます。

企画業務型裁量労働制では、①事業の運営に関する事項についての、②企画、立案、調査及び分析の業務であって、③当該業務の性質上これを適切に遂行するにはその遂行の方法を大幅に労働者の裁量に委ねる必要があるため、④当該業務の遂行の手段及び時間配分の決定等に関し使用者が具体的な指示をしないこと──の4要件を充足する業務を適切に遂行するための知識、経験等を有する労働者については、事業場ごとに労使委員会の決議を経て、所轄労働基準監督署長に届け出ることで、労使委員会の決議により定めた時間の分だけ労働したものとみなすことができます。

また、企画業務型裁量労働制を適用する場合には、その労働者に適用される賃金や評価制度の内容についての説明事項や制度の実施状況の把握頻度や方法等の適正な運用の確保に関する事項を労使委員会の運営規程に定め、実際に賃金や評価制度を変更する場合には、労使委員会に変更内容の説明を行うことを労使委員会の決議に定める必要があります。

専門業務型裁量労働制と企画業務型裁量労働制のいずれにおいても、裁量労働制を適用する労働者から個別の同意を取るこ

とが求められており、仮にその労働者が同意しなかったとしても、不同意を理由に不利益な取扱いをすることは禁止されております。また、個別の同意について撤回の手続及び個別の同意とその撤回に関する記録を保存することについても、労使協定又は労使委員会の決議に定める必要があります。さらに、働き過ぎや制度の濫用を防止するために、労働者の健康管理措置と労働者からの苦情処理措置を講じる必要があります。

3 実務上のポイント

　専門業務型裁量労働制及び企画業務型裁量労働制は共に、専門性があり、労働時間ではなく労働の質によって労働者を管理することが適している業務について、実労働時間による算定を行わずに業務を遂行させることができるようになります。使用者としては、職務遂行における労働者の自由や裁量を尊重し、労働の質・成果を重視した労務管理を行うことができるようになるため、配下の従業員が対象となり得る業務に従事している場合には、導入を積極的に検討することも考えられます。他方、労働時間が実労働時間にかかわらずみなし労働時間により算定されるという点で労働者に不利な面もあるため、裁量労働制の要件を満たしているかは厳格に判断されることに注意が必要です。専門業務型裁量労働制の業務は上記に列挙された業務に限って認められるものであり、類似の業務であったとしても、専門業務型裁量労働制を採用することはできません。また、専門業務型裁量労働制を採用する場合、業務遂行や時間配

分の決定等に関して労働者に具体的な指示をすることもできなくなります。

　裁量労働制は、労働者からするとどれだけの時間をかけて労働したとしても、あらかじめ決められた時間労働したものとして取り扱われるため、長時間労働に気が付かない可能性があります。管理職の立場からは、日常的な労務管理の負担は減る一方で、裁量労働制が適用されている労働者の労働時間や繁忙度、健康状態には特に注意を払う必要があります。

　また、裁量労働制が適用される場合において、労使協定や労使委員会の決議で決定したみなし労働時間が法定労働時間を超過する場合には、36協定の締結と届出、割増賃金の支払が必要となるので、運用に誤りがないか注意する必要があります。先述した健康管理措置や労働安全衛生法66条の8の3に定める義務として労働時間状況を客観的な方法により把握する必要があるため、長時間労働をさせることがないように、労働時間の管理にもなお留意する必要があります。

第3章 | 労働時間管理

QUESTION Q17

事業場外みなし制度とは何ですか。

A 1 事業場外みなし制度の趣旨

事業場外みなし制度（労働基準法38条の2）とは、労働者が労働時間のうち全部又は一部について事業場外で業務に従事し、その労働時間の算定が困難な場合には、所定労働時間労働したものとみなす制度のことです。この制度の趣旨は、労働者の事業場外での労働については、使用者の具体的な指揮監督が及ばず、実労働時間を算定することは困難であるため、使用者における労働時間算定の便宜を図る点にあります。

2 事業場外みなし制度の概要

使用者は、労働者の実労働時間を把握し、当該時間を基に賃金を算定し、支払うのが原則です。しかし、事業場外での労働については、使用者が労働者への具体的な指揮監督を行うことが困難であるため、実労働時間の算定を行うことが難しい場合があります。そのような場合について、本制度を利用することにより、例外的に一定の時間労働をしたとみなして賃金を算定することができます。

本制度を利用するための要件としては、①労働者が労働時間の全部又は一部について事業場外で業務に従事した場合において、②労働時間を算定し難いとき、とされています。

63

①については、本制度の趣旨から、事業場外で業務に従事していたとしても、ⓐ何人かのグループで事業場外労働に従事し、そのメンバーに労働時間の管理をする者がいる場合、ⓑ無線などの通信機器（携帯電話やスマートフォンを含む）によって随時使用者の指示を受けながら労働している場合、ⓒ事業場において訪問先、帰社時刻等当日の業務の具体的指示を受けた後、事業場外で指示どおりに業務に従事し、その後事業場に戻る場合には、本制度の適用がないものとされています（昭和63年1月1日付け基発第1号・婦発第1号参照）。

　②についても、本制度の趣旨から、使用者が主観的に算定困難であると認識したり、労使協定の締結により算定困難と合意したりすることで要件を満たすものではなく、業務の性質、内容やその遂行の態様、状況等の具体的な事情を基に客観的に判断されます。例えば、旅行会社に派遣され添乗員業務を行った従業員について、使用者と従業員の間で旅行日程に沿った旅程の管理等の業務を行うべきことを具体的に指示していること、途中で旅行日程に相応の変更を要する事態が発生した場合にはその時点で個別の指示をするとされていたこと、旅行日程終了後には業務遂行状況等について詳細な添乗日報による報告が求められていたことから、使用者において従業員の勤務の状況を具体的に把握することが困難であったとは認め難いと判断されています（最判平成26年1月24日労判1088号5頁〔阪急トラベルサポート事件〕）。その一方で、外国人の技能実習に係る監理団体の指導員について、指導員の業務は、実習実施者に対する訪問指導のほか、技能実習生の送迎、生活指導や急なトラブルの際

の通訳等、多岐にわたるものであったこと、指導員が自ら具体的なスケジュールを管理し、所定の休憩時間とは異なる時間に休憩を取ることや自らの判断により直行直帰することも許されていたこと、随時具体的に指示を受けたり報告をしたりすることもなかったことから、使用者において従業員の勤務の状況を具体的に把握することが容易であったとはいえず、本事案で「労働時間を算定し難いとき」に当たるとはいえないとした原審は、業務日報の正確性の担保に関する具体的な事情を十分に検討することなく、業務日報による報告のみを重視したものであると判断されています（最判令和6年4月16日労判1309号5頁〔協同組合グローブ事件〕）。

　事業場外みなし制度が適用される場合には、原則として就業規則等により定められた所定労働時間労働したものとみなされます。例外的に、事業場外での当該業務を行うために所定の労働時間を超えて労働することが必要となる場合には、当該業務に通常必要と客観的に判断される労働時間労働したものとみなされます。また、所定の労働時間を超えた労働が必要となる場合において、事業場の過半数代表との労使協定、労使委員会の決議又は労働時間等設定改善委員会の決議（決議は5分の4以上の多数決を要します）がある場合には、その協定や決議で定めた時間労働したとみなすことができます。

3　実務上のポイント

　事業場外みなし制度は、主に外回りの営業や記者といった事

業場外労働が日常的に行われる業種や、出張といった臨時的な事業場外労働を行うケースで利用されることがあります。

また、近時は在宅勤務（いわゆるテレワーク）も増加してきているところ、在宅勤務について本制度が適用されるかについては、①在宅勤務に利用する情報通信機器（パソコン、スマートフォン等）が使用者の指示により常時通信可能な状態に置くこととされていないこと、②当該業務が随時使用者の具体的な指示に基づいて行われていないことの三つの要件を満たす場合に限って、本制度が適用されると考えられています（「テレワークの適切な導入及び実施の推進のためのガイドライン」参照）。

管理職の立場からすると、目の届かない範囲での業務について労働時間を把握することは困難であるため、本制度を利用することで簡易かつ適切な賃金の支払を行うことができます。その一方で、本制度を利用するための要件はハードルが高く、本制度の利用ができるかについては慎重な検討を要する点に留意が必要です。また、本制度は労働時間をみなす制度にすぎないため、みなされた労働時間が法定労働時間を超過する場合には、36協定の締結や割増賃金の支払等も必要となる点に注意が必要です。

第3章 | 労働時間管理

QUESTION Q18 テレワークを行わせる場合の労働時間はどのように把握すればよいですか。

A 1 テレワークとは

　労働者が情報通信技術を利用して行う事業場外勤務のことをテレワークといいます（厚生労働省「テレワークの適切な導入及び実施の推進のためのガイドライン」1頁）。テレワークには、①在宅勤務、②サテライトオフィス勤務、③モバイル勤務などの形態があります。テレワークは、新型コロナウイルス感染症の感染拡大によって急速に導入が進み、新型コロナウイルス感染症の感染症法上の位置付けが「2類」から「5類」へ引き下げられた2023年5月以降も、引き続き実施している企業が多く存在します。

　もっとも、テレワーク実施率に関する東京都の統計（[図表]）を見ると、テレワーク実施率は低下傾向にあり、令和5年（2023年）4月以降は50％を下回る状況が続いています。

2 テレワークのメリット・デメリット

　テレワークには、社員の通勤負担の軽減、仕事と家庭の両立、業務効率の向上が図られるというメリットがあります。そのため、テレワークがうまく機能すれば会社に対するメリットも大きいです。一方で、テレワークの性質上、社員の働いてい

67

[図表] テレワーク実施率の推移

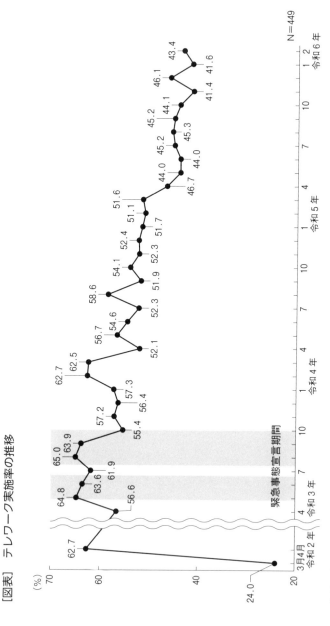

出所：東京都「テレワーク実施率調査結果」(2024年3月19日)

第3章 | 労働時間管理

る姿を直接見ることができないため、勤務状況を確認するのが困難になることは一つのデメリットであるといえます。管理職としては、テレワーク時に特有の社員の労働時間管理について、以下のようなポイントに留意するとよいものと思われます。

3 実務上のポイント

(1) 中抜け時間の把握

　テレワーク中は、一定程度社員が業務から離れる時間（以下「中抜け時間」といいます）が生じることがあり得るため、中抜け時間をどのように把握し、どのように扱うかが問題となります。この点、労働基準法との関係では、このような中抜け時間については、把握することとしても、把握せずに始業及び終業の時刻のみを把握することとしても、いずれでも差し支えありません。もっとも、管理職として社員が実際に業務に従事している時間を把握したいという場合には、中抜け時間について、一日の終業時に部下から終業報告を兼ねてメール等によって報告させるなどの工夫をすることが必要になります。なお、テレワーク中の中抜け時間の取扱いとしては、中抜け時間を把握する場合は、休憩時間として取り扱い終業時間を繰り下げることや、時間単位の年次有給休暇として取り扱うことが考えられます。一方で、中抜け時間を把握しない場合には、始業及び終業の時刻の間の時間について、休憩時間を除き全て労働時間とし

69

て取り扱うことが考えられます。どちらにしても、中抜け時間の取扱い方について就業規則等に定め、周知徹底することが重要になります。

⑵　部下のテレワーク状況を適宜確認できる体制を作る

テレワークでは、周りに上司や部下の目がないことから、さぼろうと思えばさぼれる半面、長時間労働に陥りやすいという問題点もあります。テレワーク時の長時間労働は、勤務時間外に業務に関する指示や報告がメール等で行われることが原因になっていることが多いため、管理職としては、自身も含め、勤務時間外のメール等のやり取りは行わないことを徹底し、そのような職場の雰囲気を醸成することが重要になります。特に、勤務時間外の労働時間については適切に把握することが難しいため、このような対応をすることで、テレワーク下であっても労働時間管理がしやすくなるものと思われます。この点、個人の性質として一人でいると長時間労働してしまうという場合もあるので、定期的に対面で部下とのコミュニケーションの機会を設け、部下の様子を伺うとともに、テレワークの際の勤務状況等をヒアリングし、長時間労働に陥らないよう注意喚起をするなどの工夫をすることも必要になります。

⑶　勤務時間の一部のみテレワークを行う場合

午前中のみテレワークを行い、午後からオフィスに出勤する勤務形態（「テレハーフ」とも呼ばれます）を採用する場合、労働者による自由利用が保障されている時間（例えば、移動時間

など）は、休憩時間として取り扱うことが考えられます。その
ため、管理職としては、勤務時間の一部のみテレワークを行う
部下に対して、オフィス出勤時に移動時間を報告させるなどし
て、自由利用が保障されている時間について逐一確認し、適正
な労働時間の把握に努める必要があるといえます。

第 **4** 章

安全衛生管理

Q19
安全配慮義務の具体的な内容について教えてください。

A 1 安全配慮義務の概要

　安全配慮義務（Q11参照）は、労働災害に関する議論の積み重ねの中で、判例により確立された概念です。安全配慮義務を初めて認めた最高裁の判例は、公務員に関する事案ですが、「国は、公務員に対し、国が公務遂行のために設置すべき場所、施設もしくは器具等の設置管理又は公務員が国もしくは上司の指示のもとに遂行する公務の管理にあたつて、公務員の生命及び健康等を危険から保護するよう配慮すべき義務」を負うとしました（最三小判昭和50年2月25日民集29巻2号143頁〔自衛隊八戸車両整備工場事件〕）。その後、私企業の雇用契約の事案についても判例は、使用者が「労働者が労務提供のため設置する場所、設備もしくは器具等を使用し又は使用者の指示のもとに労務を提供する過程において、労働者の生命及び身体等を危険から保護するよう配慮すべき義務」を負うことを明らかにしています（最三小判昭和59年4月10日民集38巻6号557頁〔川義事件〕）。

　また、2007年制定の労働契約法は、同法5条において「使用者は、労働契約に伴い、労働者がその生命、身体等の安全を確保しつつ労働することができるよう、必要な配慮をするものとする」として労働契約における安全配慮義務を立法上も明文化しました。

74

2 安全配慮義務の具体的内容

　安全配慮義務の具体的内容は、「労働者の職種、労務内容、労務提供場所等安全配慮義務が問題となる当該具体的状況等によつて異なるべきものである」とされており（前掲・川義事件）、事案に応じて果たすべき義務の内容は異なります。例えば、①事故の事案では、物的施設・設備を整備する義務や安全教育・適切な業務指示を行う義務等が、②職業病の事案では、有害物質排出の抑制、衛生設備の整備、保護具の装着、安全教育の実施等による職業病罹患の防止や増悪の回避措置が認められています。また、③過重労働の事案では、使用者は「業務の遂行に伴う疲労や心理的負荷等が過度に蓄積して労働者の心身の健康を損なうことがないよう注意する義務」を負うとされており（最二小判平成12年3月24日民集54巻3号1155頁〔電通事件〕）、健康診断により労働者の健康状態等を把握し、労働者の年齢、健康状態等に応じて従事する作業時間・内容の軽減、就労場所の変更等の適切な措置を採るべき義務等が認められています。

　類型的に物理的な危険を伴う業務や有害物質摂取の危険を伴う業務において、物的施設・設備の整備等（上記①）や有害物質排出の抑制等（上記②）を行う義務があるのはもちろんですが、このような業務を伴う職種に限らず、使用者は労働者の健康に配慮する義務を負うことには留意が必要です（上記③）。

　なお、安全配慮義務は、労働者に生じたけが、障害、死亡といった結果について、使用者に法的責任があるか否かを判断す

るために、使用者がどのような配慮をすべきであったかを事後的に検討するものです。このため、労働者において、当該義務内容を会社に履行請求する権利まで認められているわけではありません。

3　労働安全衛生法と安全配慮義務の関係

　労働安全衛生法は、「労働災害の防止のための危害防止基準の確立、責任体制の明確化及び自主的活動の促進の措置を講ずる等その防止に関する総合的計画的な対策を推進することにより職場における労働者の安全と健康を確保するとともに、快適な職場環境の形成を促進することを目的とする」法律であり（同法1条）、事業者には、同法の目的を達するための詳細な責務が課されています。同法は公法であり、私法上の義務である安全配慮義務を直接的に規律するものではありませんが、裁判例の中には、同法の規定が、安全配慮義務の内容や基準となる場合があるとするものもあります。したがって、安全配慮義務を果たすに当たり、同法の規定を遵守することは重要であり、また、同法は、安全配慮義務の内容を考える上での参考にもなるといえます。ただし、安全配慮義務の内容は具体的状況に応じて異なるため、同法の規定を遵守したからといって直ちに安全配慮義務違反が否定されるものではないことには留意が必要です。

第 4 章 │ 安全衛生管理

4 実務上のポイント

　管理職としては、安全配慮義務を果たすに当たり、まずは労働安全衛生法等の行政法規や関連するガイドライン・指針等の行政上の規制を遵守することが重要です。その上で、具体的な状況に応じて、労働者の生命及び健康を守るために必要な措置を講じることになります。

　安全配慮義務を履行し、労働者が安心して安全に就労できる環境を整え、また労働者の健康を維持することにより、労働者の業務効率の低下を防ぐことも可能になると考えられます。

　なお、安全配慮義務の一つとして管理職に求められることが特に多い時間管理等については、Q11、Q20、Q21を参照してください。

Q20 部下の心身の健康管理において重視すべきポイントは何ですか。

　管理職が部下の心身の健康管理をするに当たっては、①時間管理、②ハラスメント防止、③健康状態把握の三つの観点が重要となります。

1　時間管理とは

　時間管理とは、部下の労働時間を管理することを指します。労働時間と安全配慮義務の密接な関係は既に解説したところですが（Q11参照）、時間外労働の時間数が1か月45時間を超えるような長時間労働をはじめ、拘束時間の長い労働、休日のない連続勤務、勤務間インターバルが短い勤務、不規則勤務や深夜労働等といった身体的・心理的負荷が強い労働が行われていないか、部下の労働時間記録や実際の勤務実態（サービス残業や持ち帰り残業をしていないか等）を適宜チェックする等して管理を行います。そして、実際にこれらの勤務が確認された場合には、本人に業務状況を確認する等した上で、必要に応じて業務量の調整を行うこととなります。

2　ハラスメント防止

　いわゆるセクハラ、マタハラ、パワハラは、被害者である労

働者に高い心理負荷を与え（Q37参照）、それが睡眠不足やホルモンバランスの乱れ、ストレス性の発熱等といった様々な身体的不調につながることもあります。このため、ハラスメントについては、徹底的に防止する必要があります。

　具体的には、ふだんから担当部署における指導や会話がハラスメントにならないよう意識付けをしていくといった予防措置を講じるだけでなく、実際に被害者や目撃者による被害申告がなされたり自分で被害を現認したりした場合は、担当部署（人事部等）や相談窓口に対応連携する、（被害を確認できる場合は）その場で加害者に対し厳格に注意指導を行うほか、被害者保護のための措置（加害者からの隔離や健康相談の提案のほか、心身回復までの業務量の調整等）を行う等といった対応を迅速に行う必要があります。

3　健康状態把握

　身体的・心理的な不調が生じている労働者は、当該負荷に対するキャパシティーが通常よりも低下しているため、特に慎重な管理・配慮が求められる状態にあるといえます。このため、管理職は、日常業務の中で異変を感じる社員がいないか注意し、いる場合には適宜相談の機会を設ける等といった形で、管理職の方から状態把握を行っていく必要があります（Q21参照）。

4 実務上のポイント

　実務上見られるのは、健康状態が不安視される労働者本人が業務量調整や健康状態確認を拒否・回避してしまい、管理職もそれ以上の対応を躊躇してしまうというケースです。

　しかし、仮に対応をせずに結果として過労死・過労自殺が発生してしまい、遺族から損害賠償が求められた場合には、被災者の労務管理を担う管理職が十分な健康管理をしていなかったという理由で、会社の安全配慮義務違反・損害賠償責任が肯定されるだけでなく、管理職個人の賠償責任が肯定される可能性も生じます。

　さらに、労働者が意図的に労働時間を少なく記録していた等の場合も、管理職が当該改ざんに気付けたはずということになると、会社や管理職の賠償責任は一層認められる可能性があります。

　以上のとおり、管理職は積極的に部下の健康管理を行う必要がありますが、これは、逆に言えば、管理職は必要があれば部下の健康管理のために（部下が拒否しても）一定の権限を行使することができることを意味します。これを踏まえて、管理職は、判断に迷う場合は人事部に相談する等といった対応を適宜しながら、部下の健康管理のための措置を強い態度で講じるべきといえます。

第4章 | 安全衛生管理

QUESTION
Q21
ラインケアにおいて留意すべき点は何ですか。

A 1 ラインケアとは

　心理的負荷によって精神疾患等が生じるときは、いきなり障害を発症するのではなく、徐々に不調が強くなって発症に至る経過をたどることが多く見られます。このため、メンタルヘルスケアに当たっては、不調が生じ始めた初期段階において、日常の様々な行動様式の変化等から当該不調を察知し、早急に対応を行うことが望ましいといえます。

　この点、管理職は、指揮命令ライン上の部下の業務遂行を日頃から監督する立場にあるため、部下の行動様式の変化等にも気付きやすいと考えられます。この観点から、管理職には、部下の様々な異変をつぶさに観察して健康管理を行う、いわゆる「ラインケア」を行うことが求められます（厚生労働省・平成27年11月30日改正「労働者の心の健康の保持増進のための指針」5(2)にもラインケアが重要である旨が明記されています）。

2 ラインケアの具体的内容

　「ラインケア」として気付くべき不調の兆候としては、例えば下記のようなものがあります。
・遅刻、早退、欠勤が増える。無断で欠勤する。
・残業、休日出勤が不釣合いに増える。

81

・仕事の能率が悪くなる（成果物の提出がいつもより遅れる）。

・思考力・判断力が低下する。ミスや事故が増える。

・報告や相談、職場での会話がなくなる、あるいは逆に異常に増加する。

・表情に活気がなく、動作にも元気がない、あるいは逆に不自然に活発になる。

・不自然な言動が目立つ。

・服装が乱れたり、衣服が不潔であったりする。

　これらの変化が認められた場合には、積極的に管理職から面談を設定して業務内外の負担状況を聞く必要があります。

3　実務上のポイント

　不調が確認できた場合には、できる範囲で管理職も業務量調整等の対応をする必要があります。ただ、特にメンタルヘルスの判断には専門的な知見が必要となるため、本人に対して産業保健スタッフや産業医をはじめとした医療機関の受診を提案するほか、必要があれば管理職の側で人事部等を経由して産業医や精神科医等への連携まで図るべきです。

　また、何より重要なのは、部下が様々な負荷について上司に相談したいと思える環境作りです。それができていないと、上司が強制的に部下に面談をしても正確な情報は得られません。ハラスメント防止にとどまらず、部下との良好なコミュニケーション構築を目指す必要があります。

　なお、ラインケアとしては復職時の配慮も必要となります

第4章 | 安全衛生管理

が、この点についてはQ22を参照してください。

Q22 復職対応はどのように行えばよいですか。

A 1 私傷病休職制度の概要

　業務に起因しない病気やけが（私傷病といいます）によって仕事ができない場合、従業員の義務である労務提供ができない以上、雇用契約は終了する（解雇となる）のが原則です。しかし、多くの会社では、就業規則において、私傷病で就業できなくなった場合に、すぐに従業員を解雇するのではなく、一定期間休ませ、当該期間内に治癒すれば復職できる制度（以下「私傷病休職制度」といいます）が整備されています。

　このような制度趣旨から、私傷病休職制度では、休職期間中に治癒せず復職に至らなければ、原則どおり雇用は終了することになります。このため、休職期間中に従業員から復職希望が出されたときに、会社が復職を認めるか否かは、特に休職期間が満了する場面では、当該従業員の雇用が終了するか否かという重大な結果につながる判断となり、慎重な判断が求められることとなります。

2 復職希望があった場合の流れ

　休職中の従業員から復職希望があった場合の手続については、多くの場合、就業規則にその詳細が定められています。このため、具体的な手続は就業規則の規定次第といえますが、以

第4章 | 安全衛生管理

下では一般的な流れについて説明します。

⑴ 主治医の診断書の提出

　従業員から復職希望があった場合、まずは従業員の主治医による「復職可」とする診断書を提出するよう求めることとなります。従業員の復職希望を聞いただけで、安易に復職を認めてしまうと、復職後に体調が悪化してしまった場合、会社が適切な配慮をしていないとして、安全配慮義務違反（Q11参照）により責任を問われることがありますので、注意が必要です。

⑵ 人事担当者の主治医との面談

　診断書で復職可と記載されているとしても、主治医が従業員の具体的な職務内容を正確に踏まえて診断を行っているとは限らず、従業員の復職希望を受けてとりあえず復職可と診断したにすぎないケースも多く見受けられます。上述のように、会社は復職判断に当たって、従業員の症状が悪化する危険を避けるという安全配慮義務を負っていますから、より慎重を期すべく、人事担当者は従業員本人の同意を得た上で、診断書を出した主治医と面談を行うべきです。その際には、従業員の職務内容を具体的に伝えた上で復職可と判断できるのか再度確認するとともに、従業員の復職計画を立てるため、復職に当たって配慮すべき点について聞いておくべきでしょう。

⑶ 産業医面談

　上記⑵のとおり、主治医の診断は従業員の復職希望ありきの

85

内容となっている可能性があるほか、主治医と面談する点について本人の同意が得られなかったり主治医が拒否したりすることもあるため、セカンドオピニオンとして産業医（あるいは休職原因となっている私傷病を専門とする外部の医師）の意見を聞くこともよく行われます。

⑷　人事担当者による復職可否の判断

上記⑴～⑶の結果を踏まえて、人事担当者が最終的に復職可否を判断します。判断の基本的な基準は休職前の職務を通常の程度に行える健康状態に達したといえるかです。この判断基準については、Q23で詳しく解説します。人事担当者として、復帰させられないとの判断に至ったときは、就業規則の定めに応じて、休職期間が満了したときに、退職の通知又は解雇通知を行うことになります。

3　実務上のポイント

上記のとおり、復職可否の判断は人事担当者のレベルで行われ、現場で行われることは少ないと思われます。他方で、復職後に業務を行えるかという判断においては、当該業務の性質・内容を正確に踏まえる必要があり、それを一番理解しているのは現場であると考えられます。復職可否の判断は雇用の終了有無にもつながるため非常に重要であるという点を理解した上で、現場においても、復職後の業務で想定される負荷や、現場で対応可能な配慮のレベル等について、人事担当者と情報連携

を行うのが望ましいといえます。

Q23
復職の可否の判断でよく問題となるのはどのような点ですか。

A 1　復職可否の判断基準

　Q22でも述べたとおり、復職可否は、休職前の職務を通常の程度に行える健康状態に達したといえるか否かによって基本的に判断されます。しかし、この判断基準は様々な裁判例によって修正されており、具体的には、職種や業務内容を限定していない労働者の場合には、他に従事できる業務があるか、実際に配置することが可能であるか等を考慮して復職判断すべきとされます。特に、休職期間満了時点では復職可能な健康状態になくても、業務を軽減する期間を比較的短期間設ければ、その後は休職前の業務が通常の程度に行える健康状態にまで回復すると見込まれる場合には、復職を認めなければならない点に注意が必要です。

　ただし、業務軽減期間等について、会社として無制限に配慮することまで求められるわけではありません。例えば、裁判例では、半年近くにわたって業務を軽減することは企業として求められる配慮を超えるとされています。また、職種を限定して採用された従業員の場合は、上記の配置転換まで行う必要は原則としてありません。さらに、例えば精神的疾患に罹患して休職に至り、人との関わりが難しい一方で職場にはそのような関わりが生じない職務が存在しないといった場合には、配置転換

可能な他の業務を見付けることは困難であるとして、復職を認めない判断も許容されます。

2　提出された復職可能の診断書への対応

　従業員の復職判断に当たって主治医や産業医の意見を確認すべきことはQ22で記載したとおりですが、これを確認してもなお復職可能と判断できないことがあります。この場合には、人事担当者において、復職を認めない判断をしても問題はありません。復職可否の判断は、医学的判断ではなく、人事権の行使であり、診断書や医者の意見は飽くまで、判断の材料にすぎないからです。ただし、医学的な意見に反する判断をするのであれば、その分だけ判断根拠をしっかりと整理しておく必要があることには留意が必要です。

3　同種の疾病

　特に精神的な疾病の場合には、一度復職可能として復職したものの、再度同じような症状を呈して休職に至り、以後これを繰り返すといった事象が見られます。この場合に、休職ごとに別途の休職であると整理すると、毎回数か月の休職を認めることとなり、いつまでも休職し続ける社員が存在することとなります。

　このため、多くの就業規則では、復職後一定期間（例えば6か月）以内に、復職前の休職原因と同一又は類似の私傷病で再

度休職となるときは、復職前の休職と休職期間を通算すると規定しています。例えば、休職期間が1年である場合に、一度休職に至り9か月で復職後、復職から6か月以内に同一又は類似の原因で休職した場合には残り3か月のみ休職が認められることとなります。

4　実務上のポイント

　復職判断等は人事担当者のレベルで行うことであるため、現場で管理職がその判断を担うことはありません。しかし、復職時に行わせる業務があるか、軽減業務を用意できるか（それで現場が回らなくなることはないか）、実際に復職した後の業務遂行状況がどうか等は、正に現場で判断されるべきことです。このため、管理職としても、現場判断の前提として、上記のポイントを踏まえておくべきといえます。

第4章 | 安全衛生管理

QUESTION Q24

労災の手続はどのようになっていますか。

A 1 労災とは

　労災とは、「労働災害」を省略したもので、①従業員の仕事が原因で、又は②従業員の通勤途中に発生した負傷、疾病、死亡などのことをいいます。例えば、工場での勤務中に機械に指を挟まれけがをしてしまった場合や通勤中のバスが交通事故を起こしけがをしてしまった場合などが挙げられます。

　日本では、労災保険制度が整えられており、労災が発生した場合に、被害者に適切な給付を行うことができるよう、あらかじめ会社から保険料を徴収しています。従業員を一人でも雇っていれば、会社は労災保険に加入する義務があります。「労働災害」であると認められると、被害者には、国からお金が支払われ、治療費や休業中の給料が支払われます（保険給付といいます）。このような労災保険制度を含めて、「労災」と呼称する場合もあります。

　労災には、最も典型的なけがの場合に治療費等が支払われるもの（療養給付）のほか、働くことができない期間の賃金を補償するもの（休業給付）や障害が残ってしまった場合の補償（障害給付）などが存在します。

91

2 労災手続の流れ（けがの場合）

⑴ 現場対応

　労災が発生した場合、管理職として、まずは従業員の救護を行い、直ちに最寄りの労災指定病院に（それが難しい場合には一般の病院に）、乗用車等で搬送します。重傷であれば救急車を呼ぶ必要もあります。従業員の家族にも速やかに連絡をすべきでしょう。

　さらに、企業には労災の再発防止に努める義務があり、また、重大な事故である場合には、後日警察署や労働基準監督署による立入調査が行われる場合がありますので、労災発生後早期に、関係者への事情聴取や労災の原因の究明を行うべきです。

⑵ 医療機関の受診

　従業員が医療機関で治療を受け、一旦治療費を全額自己負担で支払います。労災の場合には、健康保険を利用することができませんので、健康保険証を提示しないよう労働者に周知しておく必要があります。

⑶ 従業員からの申請

　従業員に負傷（けが）、病気、障害、死亡が発生した場合、自動的に労災の保険給付手続が開始するわけではなく、従業員

第4章 │ 安全衛生管理

からの申請が必要となります。この点、会社側が手続を取る必要があるわけではなく、飽くまで従業員が行うという建付けになっています。ただし、労災申請は手続が複雑で従業員の負担も大きいことから、代わりに会社が申請する対応が取られる場合も多いです。申請先は全国各地の労働基準監督署です。申請書には、事業主と医療機関からの証明が必要となります（この際の会社側としての対応のポイントはQ25で解説します）。

⑷　**労働基準監督署による調査・認定**

　申請を受けた労働基準監督署が必要な調査を行い、労災に該当するか否かを判断します。会社に立入調査が行われる場合もあります。調査を経て、労災と認定された場合には、従業員に対して保険給付がなされます。

3　実務上のポイント

　現場の管理職が労災申請対応を担当することは少ないと思われますが、部下から労災申請の意向が示された場合等に、制度をよく理解せずに誤った対応をすると、その部下から「労災隠しをしようとしていたのではないか」等と不信感を抱かれる原因になることもあります。労災は、被災した労働者にとっても、それが発生した会社にとっても、大きな経済的影響を与えるものですから、管理職としても十分にこれを理解しておく必要があります。

93

QUESTION
Q25
労災申請で留意すべき点を教えてください。

ANSWER
A
1 労災申請が問題となる場面

労働者から労災申請がされた場合であっても、会社側と労働者側の見解が違う場合、対応に悩む場面が生じます。例えば、パワハラが原因で鬱病になったと主張する従業員が現れた場合、管理職としては、本当にパワハラがあったのか疑問に感じれば、労災申請に協力すべきか（例えば、労災申請書のうち「請求書の内容に間違いがない」ことを事業主が証明する「事業主証明」の欄に記入するか）迷う場合もあります。

こうした場合、会社として労災が無いと考える場合であっても、それだけで「事業主証明」への協力等を完全に拒むべきではありません。会社には法律上、労災申請を助力し、必要な証明を行う義務がありますし、また事業主証明がなくても労災申請自体はできるため、協力を拒んでも実質的意義に乏しいからです。そのため、会社としては、従業員が主張する内容に疑問がある場合であっても、まずは従業員の労災申請に協力し、労基署の判断に委ねる姿勢を取るべきです。

そして、この際、申請書の事業主証明欄に全て記載してしまうと、申請書の内容を認めたことになってしまうため、会社として記載するのは「従業員の職種」や「所定労働時間」など証明可能なものに絞るべきです。全ての事業者証明欄が埋まっていなくても、労基署による受理は可能です。加えて、事業主証

94

第4章 | 安全衛生管理

明欄に記載しなかった項目については、別紙として会社の見解（例えば、会社では判断できないため労基署の判断に委ねるという旨）を提出することが有効です。

2 リスク予測

労災は会社の損害賠償義務を判断するものではありませんが、労災認定されると会社の安全配慮義務違反が認められる可能性も高くなります。安全配慮義務違反が認められれば、会社の損害賠償責任が認められるだけでなく、特に過労死や過労自殺といった重大な結果に至っている事案では、それが報道され会社の社会的評判にダメージを与える可能性（いわゆるレピュテーションリスク）も高まります。

このため、会社としては、労災認定される見込みによって、その後に会社に生じるリスクについても一定の予測をしながら、迅速に対応を検討する必要があります。

特に判断が難しく影響も甚大となり得るのが過労死・過労自殺ですが、過労死については「脳・心臓疾患の労災認定」、過労自殺については「精神障害の労災認定」というパンフレット（いずれも厚生労働省作成）において、業務上の負荷に起因するものか否かの判断基準・判断過程が整理されています。これを参考に、当時の従業員の就業環境・就業状況等の事実をヒアリング等によって確認し、労災と認定される見込みについて、実際に労災の判断が下される前に把握しておき、仮に認定される可能性が高いのであれば、遺族への謝罪や自主的な賠償等の用

95

意をあらかじめ進めておく等の対応をすることとなります。

3 実務上のポイント

　事業主証明等については、上記のとおり、これを安易に拒否することも、逆に全て認める記載をすることも、いずれも不適切な対応となります。実際に記載対応をする必要はありませんが、よく分からないまま自分限りで対応しないように留意すべきです。

　上記のリスク予測は、実際には人事担当者や外部専門家が行うことになりますが、その前提事実である就業環境や就業状況等については、現場が最もよく把握していると考えられます。このため、現場の管理職としては、上記を理解した上で、リスク予測に積極的に協力する必要があります。

第4章 | 安全衛生管理

QUESTION Q26 障害者雇用における合理的配慮義務と安全配慮義務とは何ですか。

A 1 障害者雇用に向けた環境整備の必要性

近時、障害者の雇用促進が重要な社会課題とされていることを受け、障害者雇用促進法では、「43.5人」以上の従業員を雇用している事業主に対して、1人以上の障害者を雇用することを義務付けています。共生社会の実現のためにも、障害者の雇用機会の提供及び労働環境の整備は事業主の重要な役割となっています。

2 合理的配慮義務と安全配慮義務

⑴ 合理的配慮義務とは

障害者雇用促進法は、事業主（会社）の過重な負担にならない範囲で、障害を持つ人に対して「合理的配慮」を提供しなければならないと定めています。合理的配慮とは、障害のある人が社会生活を送る上で受ける様々な障壁を取り除いたり、調整したりすることであり、募集・採用時と採用後の両面で提供することが求められます。例えば、募集・採用時であれば、視覚障害がある人に対して点字や音声で採用試験を行う、聴覚障害がある人に対して筆談で面接を実施する、採用後であれば、車

97

椅子を利用している人に机の高さの調節を行う、知的障害がある人に対して業務指示の内容を明確にして一つずつ指示する等といった工夫を行う等といった配慮が求められます。

⑵　障害者の意向尊重

上記⑴の合理的配慮は、募集・採用の場面では、障害者が支障となっている事情を会社に申し出た場合に行えば足りるものである一方、採用後の場面では、会社から障害者に職場で支障となっている事情の有無を確認する必要があります。そして、合理的配慮として講じる措置の具体的な内容については、事業主と当該障害者で話し合い、内容が確定した際には当該障害者に確定した内容等を説明する必要があります。

⑶　相談窓口の設置

上記⑵の障害者の申出や会社による意見聴取等のために、会社は、障害者の相談窓口として、相談担当者・部署をあらかじめ定めておくことが必要とされています。また、相談に当たっては、プライバシーの保護や相談をしたことを理由として不利益が生じないように配慮する必要もあります。

⑷　個別の安全配慮義務

また、工場での作業など危険を伴う作業に従事させる場合には、一般の従業員に向けたものとは別に、個別にその障害者の能力に応じて、安全確保のためのマニュアルや業務体制の構築をする必要があることに注意が必要です。

第 4 章 | 安全衛生管理

3 実務上のポイント

　障害者が必要とする配慮は障害の程度や個人の希望によって
異なるため、対応を行う際は個別の検討が必要です。具体的な
措置の内容を決定するに当たっては、厚生労働省のホームペー
ジに「合理的配慮等具体的データ集」として、障害の種別ごと
に具体例が掲載されているため、これを参考にすることが考え
られます。

　また、法はいかなる場合にも合理的配慮をしなければならな
いとしているわけではなく、会社にとって「過重な負担」とな
らない範囲内での配慮が必要だとしています。「過重」に当た
るか否かは、事業活動への影響の程度、実現困難度（機器や人
材の確保、設備の整備等の困難度）、費用・負担の程度、企業の
規模、企業の財務状況、公的支援の有無等を総合的に勘案して
判断されます。

　このため、例えば車椅子を利用している障害者からエレベー
ターを設置してほしい旨の要望があったとしても、建物の構造
上設置できない、設置費用が高額だが財務状況的に余裕がなく
公的支援も得られない等といった事情で設置が難しいと判断さ
れる場合には、会社は、設置は上記の理由で過重な負担に当た
り対応できない旨を、障害者に説明することとなります。その
上で、会社は、過重な負担にならない代替的な合理的配慮に係
る措置の内容につき、障害者と話合いを行って、これを確定し
て講じていく必要があります。

99

第 5 章

問題社員対応

Q27
問題社員にはどのように対応すればよいですか。

A 1 問題社員とは

　問題社員とは、労働法上の定義はありませんが、企業組織・チームに対して悪影響を与える社員がこれに当たると考えられます。具体的に実務上事案として発生することが多い問題社員の類型としては、①職場の規律（ルール）に従わない、②遅刻や欠勤を繰り返すなど勤怠が不良である、③労働能力が不足している、④他の従業員との協調性が欠如している、⑤他の従業員等に対してパワーハラスメントやセクシュアルハラスメントを繰り返す、⑥精神疾患により勤務が困難——などが挙げられます。

2 実務上のポイント

　前記のとおり、問題社員の類型は多岐にわたり、求められる対応及び実務上のポイントもその類型ごとに異なります。これらの問題社員について、特に前記①〜⑤の類型との関係では、まずは問題を改善するための指導・注意を実施し、これを適宜繰り返すことが考えられます（Q28参照）。しかし、そのような対応が功を奏さない場合には、会社は、企業秩序・服務規律の維持のため、秩序違反・規律違反への制裁として懲戒処分（Q29参照）や、問題を前提とした社員の適正な配置（Q30、Q

第5章 | 問題社員対応

31参照）を行い、あるいは雇用契約の継続が困難である場合には、退職勧奨や解雇（Q32、Q33参照）を検討することになります。

　以上のような問題社員の存在は、対内的には職場の士気・組織力の低下や就業環境の悪化のリスクをもたらすのみならず、対外的にもレピュテーションリスクや損害賠償責任のリスクをもたらす可能性があり、企業としての利益の拡大を阻害する要因となり得ます。管理職は、前記のような問題社員への対応のため、その類型がいずれであるかにかかわらず、現場としての組織・チームを任された立場として、問題社員への適切な指導及び指導が功を奏さない場合の処分を行う前提となる問題事象を具体的に（いわゆる５Ｗ１Ｈの形で）記録しておくことが特に重要といえます。

103

QUESTION Q28

問題社員指導のポイントは何ですか。また、PIP
とはどのような取組ですか。

ANSWER A 1 指導・注意・警告について

職場の規律に従わない部下や、勤怠不良の部下、又は非違行
為を行った部下が現れた場合、これを放置すれば、職場の士
気・組織力の低下を招くことになります。そのため、管理職と
してはそのような部下に即時に対応する必要がありますが、会
社として懲戒処分や解雇といった措置を行う必要まではないこ
とが少なくありません。このような場合、労働者に対し、指
導・注意・警告（以下総称して「注意等」といいます）をするこ
とが考えられます。注意等は、使用者の労働者に対する改善を
求める意思を示す事実行為であり、注意等の実施が明らかに必
要性を欠き、その態様が相当でないような場合を除き、これを
実施することは問題ありません。注意等は、労働者の問題行動
について会社として問題視していることを明らかにし、当該行
動の改善を求めていることを示すものであり、注意等を受けた
労働者の改善が見られない場合に懲戒処分を適法に実施するた
めの準備としての意義を有しています。

2 PIPについて

パフォーマンスに問題のある部下については、単なる口頭で

第 5 章 │ 問題社員対応

の注意等のみならず、会社が一定程度主導して業務改善を図る
ことを検討する必要があります。そのような場面において有用
であるのがPIPです。PIPとは、Performance Improvement
Programの略語であり、業務改善プログラムを意味します。
PIPは、外資系企業を中心に採用され、パフォーマンスが低調
な労働者を対象に一定期間中に具体的な目標を達成させること
を内容とするものであり、労働者の現状の能力及び今後の改善
可能性を明らかにする意義があります。

3 実務上のポイント

　管理職においては、注意等を実施する場合、問題行為の内容
やこれまでの注意等の回数や種類を鑑みて、指導・注意・警告
のいずれを口頭又は書面で実施するか検討することになりま
す。事後的な紛争防止のためには書面によって注意等を行った
こと及びその内容を証拠化することが望ましいですが、即時性
や事案の軽微性を踏まえて口頭で注意等を行うことも取り得る
選択肢ですので、そのような場合には口頭の注意等の後に、注
意等を行った日時・内容等について記録しておくことが望まし
いところです。注意等によっても改善が見られない場合には、
事案の内容を踏まえて懲戒処分や退職勧奨、解雇などを検討す
ることとなります。
　また、PIPの実施に当たっては、課題・目標を設定する必要
があります。PIPにおいては、その対象となっている従業員の
業務を理解している上司である管理職がメインとなって進める

105

こととなりますが、管理職としては、他の従業員との対比において過大なものとなっていないか、客観的に明確かつ具体的な内容となっているかに注意する必要があります。課題・目標については、その認識にそごが生じないように、管理職としては当該従業員の納得の下で設定することが望ましいです。

　そして、設定された課題・目標を含むプログラム（PIP）を当該社員に通知し、定期的にフォローアップ面談を行い、プログラムの期間が終了したら、その結果を踏まえて対応を検討することになります。特にPIPによっても改善が認められない部下については、人事異動や処遇の変更、ひいては退職勧奨や解雇を検討することになります。

第5章 | 問題社員対応

QUESTION Q29

懲戒処分を行う場合の留意点は何ですか。

A 1 懲戒処分の意義

　会社は、企業の存立と事業の円滑な運営のために必要な不可欠の権利として企業秩序を定立し維持する権限があるとされています。このような権限の一つとして、会社は、企業秩序に違反した社員に対し、一種の制裁罰としての懲戒処分を行うことができます。

　懲戒処分を行うに当たっては、①懲戒の理由となる懲戒事由及びこれに対する懲戒手段が就業規則上明記されていること、②対象社員に懲戒事由が存在すること、③懲戒が権利濫用に該当しないことが必要となります。

　そのため、懲戒処分の実施に当たっては、第一に懲戒対象行為（非違行為）に係る事実認定を行った上で、当該行為が就業規則に記載されている懲戒事由に該当するかどうか検討することになります。もっとも、懲戒事由は、様々な非違行為に柔軟に対応するために、一定程度抽象的な文言が用いられていることが一般的です。そのため、裁判所は、懲戒事由について懲戒事由該当性を判断する際に、その文言を限定的に解釈することがありますので、形式的に懲戒事由に該当するかを判断するのではなく、その非違行為の内容・程度を踏まえて検討する必要があります。

　①懲戒事由及び懲戒処分の内容が就業規則に明記されてお

107

り、かつ、②対象社員に懲戒事由が存在すると確認された場合には、懲戒処分の内容を決定する必要があります。懲戒処分としては、一般的なものとしてけん責、戒告、減給、出勤停止、降格、諭旨解雇、懲戒解雇などがありますが、就業規則に定められたものの中から当該非違行為の性質・態様その他の事情に照らして社会通念上相当なものを選択する必要があります。判断に当たっては懲戒対象者に対する過去の注意や処分の有無や、社内の同種事例の処分との均衡性も考慮する必要があります。また、懲戒手続については適正であることが求められますので、就業規則で規定された手続を遵守するほか、当該労働者に弁明の機会を与えることも求められる点に留意が必要です。処分内容が非違行為に照らして過剰である場合や、処分手続が不十分の場合には、③のとおり懲戒が権利濫用と評価され、無効とされる可能性があるため留意してください。

2　実務上のポイント

　まず、非違行為が具体的にどのようなものであったか懲戒対象者だけでなく目撃者等の関係者に対しても事実確認を行い、管理職としては、自社にどのような懲戒事由及び懲戒手段があるかをあらかじめ就業規則で確認しておき、部下の非違行為が発生した場合にどのような対応を取ることができるかを把握しておくことが適切といえます。

　懲戒事由（非違行為）の認定に当たっては、管理職の主観のみで決定してはならず、管理職が、非違行為を自ら認識した場

第 5 章 ｜ 問題社員対応

合には可能な限り即時に具体的に記録するとともに、懲戒対象
者や目撃者、懲戒対象者の直接の上司・部下に対するヒアリン
グ等を行った上で、客観的な証跡から事実認定を行うことが有
用です。なお、ヒアリング等の調査においては、いわゆる５Ｗ
１Ｈの形で事実認定ができるように具体的に聴取することが
肝要です。

　懲戒処分の内容については、認定できた非違行為の重大性や
過去の処分事例を踏まえて慎重に検討することが必要です。認
定していない、または認定できなかった事実や評価に即して懲
戒内容を決定することや、懲戒対象者の言い分を一切聞かない
という対応をしてはなりません。

109

QUESTION Q30

人事における降格の目的や規制について教えてください。

ANSWER A

1 降格の意義

降格には、人事権の行使として行われる降格と懲戒処分として行われる降格（Q29参照）があります。このうち前者は、①役職・職位の引下げ、②職能資格制度上の資格・等級の引下げ、③職務・役割等級制度上の等級の引下げ（降級）に分けられます（職能資格制度、職務・役割等級制度の意義については、Q4参照）。

2 役職・職位の引下げ

係長、課長、部長等の企業組織上の階層における地位としての役職・職位については使用者に広範な裁量が認められるため、使用者は就業規則の明文の根拠規定なく労働者を降格させることができます。もっとも、降格が人事権を濫用するものと評価される場合（例えば、個人的な制裁や報復等の不当な動機・目的の下で降格を行った場合等）には、降格が無効となるため注意が必要です。

3 職能資格制度上の資格・等級の引下げ

　職能資格制度上の資格・等級の引下げについては、就業規則等労働契約上の明文の根拠が必要になります。また、労働契約上の根拠がある場合でも、著しく不合理な評価によって労働者に大きな不利益を与える場合には人事権の濫用として降格が無効となります。

4 職務・役割等級制度上の等級の引下げ（降級）

　職務・役割等級制度上の等級の引下げ（降級）についても、就業規則等労働契約上の明文の根拠が必要になります。また、降級を正当化する勤務成績の不良が認められず、退職誘導など他の動機が使用者にあったと認められる場合には、人事評価権の濫用があったものとして、降級は無効となり得ます。

5 降格に伴う賃金の減額

　降格に伴い賃金を減額するためには、賃金体系が給与規定等で明示されており、賃金と役職・職位、職能資格又は職務・役割等級との間の関連性が明確である必要があります。このような賃金体系が内規として存在していても、社員には周知されていない場合には、降格に伴う賃金の減額が無効となってしまう可能性があるため注意が必要です。

6　実務上のポイント

　従業員の能力に見合わないポジションを維持すれば、その者は与えられたミッションを適正にこなすことができず、企業、あるいは所属する部署の事業の円滑な遂行を妨げることとなります。もっとも、降格をめぐって企業と従業員のトラブルが発生することは多くあります。そのため、管理職としては前記の内容を正しく理解した上で降格を実施することで、無用なトラブルを回避し、もって企業本来の目的である業績の向上を追求できるものと考えます。

　特に管理職においては、降格に関し、その前提となる人事評価の場面で関与することとなります。管理職としては、評価対象者について、そのポジションが能力に見合わないと考えた場合、なぜそのように考えるのか、裏付けとなる具体的な事実関係について可能な限り客観的な資料に基づいて事後的に説明できるように心掛けるべきといえます。

第5章 | 問題社員対応

QUESTION Q31 配転・出向・転籍において留意すべき点は何ですか。

A 1 配転・出向・転籍の意義

配転とは、企業内での労働者の配置変更であって、職務内容又は勤務場所の変更（短期間の出張は除く）のことをいいます（いわば、同一企業内の横の人事異動）。

これに対し、同一企業の枠を超えた労働者の異動として、出向や転籍があります。出向とは、元の企業との間で従業員としての地位を維持しながら、他の企業においてその指揮命令下で就労することをいい、転籍とは、元の企業との労働契約関係を終了させ、新たに他の企業との労働契約関係に入ることをいいます。

2 配転・出向・転籍に対する規制

(1) 配　転

配転について、使用者による配転命令権が就業規則等によって労働契約上根拠付けられていることが必要です。例えば、就業規則に「会社は、業務上必要がある場合に、労働者に対して就業する場所および従事する業務の変更を命ずることがある」という規定が定められている場合には、当該規定を配転命令権

113

の根拠とすることができます。もっとも、労働契約上職種や勤務場所が限定されている場合には、その限定に反して配転するためには労働者本人の同意が必要となります。

　次に、配転命令が権利濫用に当たる場合には無効となります。この点、判例上は、配転命令が不当な動機・目的によってなされたものでなく、また配転命令に係る業務上の必要性に比して、労働者の不利益が不釣合いに大きいものでない限り権利濫用には当たらないとされています。この場合に考慮される労働者の不利益としては、賃金の減額のような経済的な不利益のほか、労働者本人の健康状態や家族の育児・介護の観点からの不利益なども考慮されます。

⑵　出　　　向

　出向についても、出向命令権について就業規則等によって労働契約上根拠付けられていることが必要です。この点、多くの企業においては、就業規則等の規定の中に出向について明記することで、個々の労働契約において労働者が出向について包括的に承諾したものとし、出向命令権を取得したものと整理されています。

　次に、就業規則等に基づく出向命令であったとしても、これが権利濫用に当たる場合又は法令による規制に違反する場合に無効となる点は、配転と同様です。もっとも、出向は配転と異なり、出向者の労働時間や休憩時間等の勤務形態が出向先企業の就業規則によって定められることとなるため、出向に際して、労働条件の不利益変更が生じやすいといえます。そのた

第5章 | 問題社員対応

め、出向元企業では、就業規則に出向者の労働条件の不利益を主に賃金で補填する規定を設け、出向命令が権利濫用とならないように手当てすることが一般的です。

(3) 転　　籍

転籍には、転籍元との労働契約を合意解除して転籍先と新たに労働契約を締結するもの（解約型）と、転籍元が転籍先に対して労働契約上の使用者の地位を譲渡するもの（譲渡型）がありますが、いずれにおいても労働者の同意が必要となります。また、出向とは異なり、転籍においては就業規則等で労働者から転籍に対する事前の包括的承諾を得ておくことはできません。なぜなら、転籍元との労働契約締結時点で、労働者が転籍先である新たな相手方との将来の労働契約に承諾することは通常困難であるからです。したがって、転籍においては、転籍時に対象の労働者から個別に承諾を得る必要があります。

3　実務上のポイント

長期雇用慣行を採る日本企業においては多数の職場を経験し幅広い技能を形成し、かつ、技術や市場が変化していく中で雇用を維持できるような柔軟性を確保する観点から配転は重要な役割を担っています。また、複数の企業が密接に連携し効率的な企業経営を行うこと及び余剰人員の雇用調整の観点から出向及び転籍は重要な役割を果たすものといえます。このように、配転等を適時適正に活用し、雇用の柔軟性確保や効率化を図る

115

ことが企業の業績向上につながるものといえます。そして、問題社員との関係では、当該問題社員の能力を発揮できる職種や部署に配転等を行ったり、人間関係が問題となっている場面（協調性が欠如している場面や他の従業員へのハラスメントが行われている場面）において配転等によって物理的な関係の切離しを行ったりすることで問題の解決につながることもあります。

　このような配転・出向・転籍について、管理職はその対象者選定等のプロセスに関与することがあります。管理職においては、対象者との個別面談等で、配転・出向・転籍によって健康上の不利益や家庭生活上の不利益などの隠れた不利益がないかを慎重に確認し、当該不利益が認められる場合には、より不利益が小さくなるような他の異動先の有無や、賃金や手当による配慮など不利益緩和の対策について検討する必要があります。

第5章 | 問題社員対応

QUESTION Q32
退職勧奨を行う際の留意点は何ですか。

A 1 退職勧奨の意義

退職勧奨とは、使用者が労働者に対して退職することを勧めることであり、労働者がこれを受け入れるか否かはその自由意思に委ねられています。

Q27で説明したような問題社員について、その問題が改善する見込みがないような場合、懲戒や解雇といった処分を検討することが考えられます。しかしながら、これらの処分を行った場合、その対象となった労働者が当該処分の有効性を争って訴訟等に発展する可能性があります。訴訟等に発展すれば、会社のレピュテーションにも影響する可能性があります。このようなリスクを回避しながら、問題社員を本人の合意の下で退職に導くことで企業の健全な運営を確保することができるという点で退職勧奨は有用なものといえます。

2 退職勧奨の留意点

退職勧奨は、「勧奨」ですので、これを規制する法律上の規定はありません。もっとも、退職に関して労働者が自由に意思形成できるよう、裁判例において、一定の限界が示されています。

退職勧奨は、その手段及び方法が社会通念上相当と認められ

117

ない場合は違法となります。具体的には、使用者は、退職勧奨において労働者に対して不当な心理的圧迫を加えたり、又は、その名誉感情を不当に害するような言辞を用いたりすることによって、労働者の自由な退職意思の形成を妨げることは許されず、そのような行為がされた場合には、当該退職勧奨は違法なものとなります。例えば、①退職勧奨が労働者に対する暴力行為や名誉棄損行為を伴う場合、②不当に多数回又は長時間にわたって行われる場合、③労働者が退職しない意思を明確にしているにもかかわらず執拗に継続する場合等においては、退職勧奨が違法となり、使用者は労働者に対して損害賠償責任を負う可能性があります。

　また、退職勧奨に労働者が応じて退職の意思表示を行った場合であっても、その意思表示は錯誤又は強迫に基づくものであるとして、事後的に取り消される可能性があります（民法95条、96条）。そのため、労働者に対して退職勧奨を行う場合には、その態様に留意する必要があります。具体的には、労働者と退職に係る面談を行う場合には、１回の面談時間は１時間を超えないようにしたり、面談者が労働者に対して感情的になり始めたら面談を中止して日を改めたりするなど、労働者の退職の意思表示が錯誤又は強迫に基づくものと評価されないように注意する必要があります。

3　退職勧奨を拒否した労働者を解雇する場合

　退職勧奨の有効性は解雇の有効性に影響を及ぼすものではな

いため、使用者が退職勧奨を拒否した労働者を解雇することも可能です。その場合には、別途Q33（解雇権の濫用法理）に従って解雇の有効性を判断する必要性があります。

実務上使用者は、法律上解雇が有効となる可能性が低い場合においても退職勧奨を実施している場合があるため、使用者においては、解雇事由がないにもかかわらず、退職勧奨に応じなければ解雇する旨労働者に対して告知することがないように留意する必要があります。なぜなら、当該告知に基づき労働者が退職願を提出した場合には、前記のとおり当該退職の意思表示に錯誤があったとして、退職の意思表示が取り消される可能性があるからです。

4 妊娠中の女性、育児・介護休業中の労働者、障害者等に対する退職勧奨

使用者との関係において弱い立場にある者、具体的には妊娠中の女性、育児・介護休業中の労働者、障害者等に対する退職勧奨は、社会通念上相当と認められる範囲が狭くなり、違法となる可能性が高くなるため注意が必要です。特に、妊娠したこと、育児・介護休業を取得したこと、障害者であることを理由とする退職勧奨は、原則として違法と判断される可能性があるため、当該理由のみに基づく退職勧奨は行ってはなりません。

5 実務上のポイント

　管理職は、現場である組織・チームを所管する者として、退職勧奨において、その対象者の選定や、退職勧奨の対象となった従業員との面談等のプロセスに関与することがあります。

　退職勧奨を行う場面では、対象者が隠れて録音を行っている場合もあります。退職勧奨の面談を担当することとなった管理職においては、そのような録音がされている可能性を踏まえて面談に臨み、退職勧奨に関する前記のルールを理解して対応することが必要といえます。また、面談時の自らの言動に問題がなかったことを事後的に立証できるようにするため、自らも録音を行うことが適切と考えられます。

第5章 ｜ 問題社員対応

QUESTION
Q33
解雇にはどのような要件や制限がありますか。

A
1 解雇の意義

　解雇とは、使用者からの申出による一方的な労働契約終了の意思表示をいい、使用者の解雇権に基づく普通解雇と就業規則の懲戒規定に基づく懲戒処分としての懲戒解雇（Q29参照）に大別されます。前者については、その理由として、一般的に、①労働者の労働能力や適格性の低下・喪失、②労働者の義務違反や規律違反行為、③経営上の必要性の大きく三つの類型に分けられます。

2 解雇のための手続

　使用者は、少なくとも30日前に労働者に予告すること又は30日分以上の平均賃金を支払う（予告手当）ことによって労働者を解雇することができます。ただし、例外的に、天災事変その他やむを得ない事由のために事業の継続が不可能となった場合又は労働者の責に帰すべき事由（労働者の非違行為が重大かつ悪質であり、予告なしで解雇することもやむを得ない場合）に基づいて解雇する場合においてはこの限りでなく、使用者は予告なしに労働者を即時解雇することができます（これらの場合には、行政官庁の除外認定を受けることが必要です）。

　なお、解雇は、懲戒解雇（Q29参照）の場合と異なり就業規

121

則等の根拠規定がなくても実施可能であり、就業規則に普通解雇事由が記載されている場合であっても解雇理由はこれに限定されません。

3　解雇が認められる要件

　解雇は、客観的に合理的な理由を欠き、又は社会通念上相当であると認められない場合には、権利濫用として無効となります。そして、使用者はこれらの要件をいずれも満たさないこと、すなわち、解雇が客観的に合理的な理由に基づき、かつ、社会通念上相当であることを主張立証しなければなりません。

　例えば、前記１の類型①や②においては、当該労働者について認められた問題を改善させるための注意・指導を行ったか、他の部署等に配置転換すること等により解雇を回避できなかったか、当該社員を雇用し続ける企業における業務の正常な遂行に与える影響が重大であるかなどについて検討する必要があります。

　なお、前記１の類型③の経営上の必要性を理由とする解雇は「整理解雇」と呼ばれ、一般の解雇よりも厳格に規制されており、❶人員削減の必要性、❷解雇回避努力、❸人選の合理性、❹手続の妥当性を総合考慮し、整理解雇の合理性・相当性が認められるかによってその有効性が判断されます。

第5章 | 問題社員対応

4 その他の解雇の制限

　使用者は、労働者が業務上負傷や疾病による療養のために休業する期間及びその後30日間、並びに産前産後休業期間及びその後30日間は、労働者を原則として解雇できません。また、国籍・信条・社会的身分を理由とした解雇、労働組合の組合員であることを理由とする解雇、育児・介護休業の取得を理由とする解雇、女性労働者が結婚・妊娠・出産・産前産後の休業をしたことなどを理由とする解雇は法律上禁止されています。

5 実務上のポイント

　前記1の類型①及び②に関し、管理職が問題社員について注意・指導、懲戒処分等の対応を重ねてきたにもかかわらず改善が見込まれず、退職勧奨にも応じないという場合、そのような問題社員が事業の円滑な遂行を妨害することがないように当該問題社員を解雇しなければならないという場面も出てきます。他方で、解雇が事後的に無効となった場合、そのような問題社員が復職し、問題が再発することにもなりかねません。そのため、解雇に係る前記の規制を正確に理解することは管理職として重要なものといえます。

　また、管理職は解雇に当たっては、解雇の対象となった従業員の上司として、解雇の理由となる事実を整理し、必要に応じて追加の調査を行うなどといったプロセスに関与することがあ

123

ります。管理職としては、日頃から問題社員についてその問題を具体的に記録するとともに、その改善のための注意・指導を記録に残る形で実施しておく必要があります。

第 6 章

ハラスメント対応

Q34 どのような行為がパワーハラスメントに該当するのですか。

A 1 パワーハラスメントの定義

パワーハラスメント（以下「パワハラ」といいます）とは、同じ職場で働く者に対して、職務上の地位や人間関係などの職場内の優位性を背景に、業務の適正な範囲を超えて、精神的・身体的苦痛を与える又は職場環境を悪化させる行為をいいます。この定義については、①職場における優越的な関係に基づく言動であること、②業務上必要かつ相当な範囲を超える言動であること、③労働者の就業環境が害されるものであることという三つの要素に分けることができ、これらの要素を全て満たした行為がパワハラに該当するものといえます。

なお、客観的に見て、業務上必要かつ相当なものといえる適正な業務指示や指導はパワハラには該当しない（②の要素を満たさない）ものの、その区別が難しい場合もあり、下記2で述べるような個別具体的な事情についてもしっかりと踏まえる必要があります。また、③の判断に当たっては、「平均的な労働者の感じ方」を基準として、労働者が就業する上で看過できない程度の支障が生じているかがポイントとなります。

第6章 | ハラスメント対応

2 パワハラの具体例

　職場においてパワハラが行われる状況は多種多様であるといえますが、パワハラに該当する代表的な類型としては以下のようなものが挙げられます。

① 暴行・傷害などの身体的な攻撃

　　例：殴打行為のほか、相手に物を投げ付ける行為

② 名誉棄損・侮辱などの精神的な攻撃

　　例：人格を否定するような言動のほか、業務の遂行に関して必要以上に長時間にわたる厳しい叱責を行う行為

③ 仲間外し、無視などの人間関係からの切離し

　　例：自身の意に沿わない労働者に対して、長期間にわたり別室に隔離したり、一人の者に対して同僚が集団で無視をしたりする行為

④ 業務上明らかに不要なことや遂行不可能なことの強制（過大な要求）

　　例：新卒採用者に対し、必要な教育を行わないまま到底対応できないレベルの業績目標を課し、達成できなかった場合に厳しく叱責する行為

⑤ 業務上の合理性なく能力とかけ離れた仕事を命じることや仕事を与えないこと（過小な要求）

　　例：気に入らない者に対して嫌がらせのために仕事を与えない行為

⑥ 私的なことに過度に立ち入ること

127

例：労働者を職場外でも継続的に監視したり、私物の写真
撮影をしたりする行為

　もっとも、上記具体例については飽くまで典型的、例示的な
ものであり、ここに記載のない言動についても個別の状況次第
ではパワハラに該当する可能性があるということには常に留意
する必要があります。この点、個別の事案においてパワハラの
該当性を判断するに当たっては、当該言動の目的のほか、当該
言動が行われた経緯や状況、業務の内容・性質、当該言動の態
様・頻度・継続性といった事情を総合的に考慮した上で判断さ
れることになります。

3　逆パワハラ

　パワハラは、職務上の地位が上位の者による言動に限られま
せん。パワハラの成立については、「優越的な関係を背景とし
た言動」であれば足り、業務上必要な知識や豊富な経験を有し
ており、その者の協力を得なければ業務の円滑な遂行を行うこ
とが困難な同僚又は部下による言動や、同僚又は部下からの集
団による行為についてもパワハラに該当する行為があり、この
ようなパワハラは「逆パワハラ」とも呼ばれています。

4　実務上のポイント

　職場においてパワハラが行われると、労働者の意欲の低下に
よる職場環境の悪化や職場全体の生産性の低下が起こりかね

ず、広く会社全体で見たときに経営面での損失も発生し得るといえます。そのため、管理職としても職場においてパワハラと疑われる行為が行われていないかについて注意を向ける必要があるとともに、自身についても、部下に対する言動が業務上適切なものであるかにつき日頃から意識する必要があるといえます。

　もっとも、パワハラと指摘されることを恐れて必要な業務指示等のコミュニケーションを怠れば、かえって問題を放置することとなり、担当する組織・チームの事業運営の停滞を招きかねません。そのため、部下とのコミュニケーションについては、不必要に謙抑的になるべきではなく、なぜその言動を行わなければならないのか、その言動の態様・頻度などが過剰なものでないかを自問自答しながら適時に行うことが適切といえます。

QUESTION **Q35** どのような行為がセクシュアルハラスメントに該当するのですか。

ANSWER **A** 1 セクシュアルハラスメントの定義

　セクシュアルハラスメント（以下「セクハラ」といいます）とは、職場における労働者の意に反する性的な言動への労働者の対応により、当該労働者がその労働条件につき不利益（解雇や降格、減給等）を受けること（以下「対価型セクハラ」といいます）、又は当該性的な言動により当該労働者の就業環境が害されること（以下「環境型セクハラ」といいます）をいいます（男女雇用機会均等法11条1項参照）。

　「性的な言動」としては、性的な内容の発言及び性的な行動をいい、さらに「性的な内容の発言」には、性的な事実関係を尋ねること、性的な内容の情報を意図的に広めること等が、「性的な行動」には、性的な関係を強要すること、必要なく身体に触ること等が含まれます。

2 セクハラの具体例

　上記1のとおり、セクハラは大きく二つに分類され、それぞれ以下のような例が挙げられます。まず、対価型セクハラの例としては、①事業所内において事業主が労働者に対して性的な関係を要求したが、拒否されたため、当該労働者を解雇するこ

130

第6章 | ハラスメント対応

と、②出張中の車中において上司が労働者の腰等に触ったが、抵抗されたため当該労働者について不利益な配置転換をすること等があります。また、環境型セクハラの例としては、③事務所内において上司が労働者の腰等にたびたび触ったため当該労働者が苦痛に感じて就業意欲が低下していること、④同僚が取引先において、労働者に係る性的な内容のうわさを流したため、当該労働者が苦痛に感じて仕事が手に付かないこと等があります。

また、セクハラについては、いまだ男性が女性に対して行うものというイメージがあるかもしれませんが、男性、女性のいずれもが加害者にも被害者にもなり得ます。さらには異性に対するものだけでなく、同性に対する行為もセクハラに該当し得ることや、被害者の性的指向・性自認にかかわらずセクハラ（性的指向・性自認に関して行われるハラスメントを、「ソジハラ（SOGI＝Sexual Orientation and Gender Identity）」ともいいます）が成立することには注意が必要です。そのため、管理職の立場からも、従前のセクハラのイメージを払拭し、セクハラが起こり得る場面が、思いの外広範なものであることについて留意する必要があります。

3　実務上のポイント

環境型セクハラにおいては、被害を受けた労働者の就労意欲の低下・喪失が想定され、そのような労働者を抱える会社としても、職場全体の生産力の低下、それに伴う売上減少という結

果につながりかねません。また、対価型セクハラとして解雇や配置転換等が行われると、当該労働者がこれまで担ってきた業務を、今いる社員で分担等する必要が生じ得ます。

これらの事態を防ぐためにも、管理職としては、上記2で述べた点にも留意の上、部下に対する言動等がセクハラに該当するものでないかにつき日頃から意識するとともに、職場内における性を意識した雰囲気の醸成を防止することにも目を向ける必要があるといえます。

セクハラについては、加害者から「相手も嫌がっていなかった」などの弁解が出されることも珍しくありません。しかし、セクハラの被害者が内心では著しい不快感・嫌悪感を抱きながらも、人間関係の悪化等を懸念して明白な拒否の姿勢を示すことを躊躇することは少なくないと考えられています。特に管理職の立場にある者においては、部下との関係において優位な立場にあることをよく理解した上で、自らの言動等が客観的に見てセクハラに該当するものでないかを考える必要があります。

第6章 │ ハラスメント対応

Q36 どのような行為がマタニティハラスメントに該当するのですか。

A 1 マタニティハラスメントの定義

　マタニティハラスメント（以下「マタハラ」といいます）については、男女雇用機会均等法、育児・介護休業法という二つの法律がその内容を規律しています。前者においては、①雇用する女性労働者が妊娠したこと、出産したことその他妊娠又は出産に関する言動により、その就業環境が害されること（いわゆる「状態への嫌がらせ型」）又は、②女性労働者の妊娠又は出産に関する制度の利用に関する言動により、就業環境が害されること（いわゆる「制度等の利用への嫌がらせ型」）を指すとされ（男女雇用機会均等法11条の3第1項参照）、後者においては、出産後における育児・介護休業法に定める制度や措置の利用に関する言動によって、就業環境が害されることを指すとされています（育児・介護休業法25条1項参照）。育児・介護休業法を根拠とするものについては、その対象が女性労働者に限定されるものではなく、育児休業を取得しようとする男性労働者に対する言動であってもマタハラ（被害を受けるのが父親であるという点から、「パタニティハラスメント」とも呼ばれます）に該当し得ます。また、上記いずれの言動についても、その行為が上司又は同僚によってなされることでマタハラに該当するといえます。

133

2　マタハラの具体例

　「制度等の利用への嫌がらせ型」の例としては、産前休業の取得を上司に相談した際に「休みを取るなら辞めてもらう」等の発言があった場合や、妊娠により立ち仕事を免除してもらっていることを理由に「あなただけ座り仕事ばかりでずるい」等と同僚から繰り返し発言があった場合が挙げられます。

　また、「状態への嫌がらせ型」の例としては、上司に妊娠を報告したところ「他の人を雇うので早めに辞めてもらいたい」等の発言がある場合や、「妊婦はいつ休むか分からないから仕事は任せられない」等の発言が繰り返しあった場合で、就業に看過できない支障が生じている場合が挙げられます。

　他方で、妊娠等した労働者の負担を減らすための業務分担や、安全配慮等の観点からなされる業務上の必要性に基づく言動についてはマタハラに該当するとはいえません。その例としては、状態に関する言動として、上司が妊婦である労働者に対し「妊婦であることに鑑みて、業務負担を減らそうと考えているが、どう思うか」等と発言することや、制度等の利用に関する言動として、上司が業務状況を考え、「次の妊婦検診はこの日は避けてほしいが調整できるか」等と確認することが挙げられます。

第6章 | ハラスメント対応

3 実務上のポイント

　マタハラが行われると、当該マタハラを受けた労働者の意欲の低下などによる職場環境の悪化や職場全体の生産性の低下、これらに伴う経営的な損失等が考えられます。女性が妊娠・出産等により、職場を一時的に離れることがあったとしても、職場復帰後における中・長期的な視点で見れば、当該女性労働者が職場にもたらす経営面でのプラスの影響も少なからず存在するものと思われます。そのため、管理職という立場からは、マタハラが行われることによってこれらの影響が生じ得ることを認識し、妊娠・出産等を理由とする業務上の必要性を超えるような言動がなされる雰囲気が、職場内において容易に形成されないよう留意する必要があります。

　また、企業の人事権の行使として行う不利益取扱いのプロセスに管理職が関与することもありますが、妊娠・出産等を契機とした不利益取扱いは原則として違法とされています。そのため、管理職においては、不利益取扱いが業務上の必要性があるか、その必要性が不利益取扱いによる影響を上回っているか、あるいは対象者から真摯な同意を得られているかを確認した上で実施する必要がある点にも注意が必要です。

Q37
ハラスメント防止のために法律上求められる対策は何ですか。

A 1 事業主に求められるハラスメント防止対策

　職場におけるパワハラ、セクハラ、マタハラの防止策を講じることは、法律上事業主の義務となっています。

　法律及び厚生労働省「事業主が職場における優越的な関係を背景とした言動に起因する問題に関して雇用管理上講ずべき措置等についての指針」（以下「指針」といいます）では、まず、事業主の責務として、職場におけるハラスメントを行ってはならないことその他職場におけるハラスメントに起因する問題に対する自社の労働者の関心と理解を深めること、自社の労働者が他の労働者に対する言動に必要な注意を払うよう研修その他の必要な配慮をすること、事業主自身（法人の場合はその役員）がハラスメント問題に関する理解と関心を深め、労働者に対する言動に必要な注意を払うことを定めています。また、労働者の責務として、ハラスメント問題に関する理解と関心を深め、他の労働者に対する言動に必要な注意を払い、事業主の講ずる雇用管理上の措置に協力することを定めています。

　上記のハラスメントを防止するため、事業主は雇用管理上の措置として、①事業主の方針の明確化及びその周知・啓発、②相談（苦情を含む）に応じて適切に対応するために必要な体制の整備、③職場におけるハラスメントへの事後の迅速かつ適切

第6章 ｜ ハラスメント対応

な対応、④そのほか併せて講ずべき措置（プライバシー保護、不利益取扱いの禁止等）を講じる必要があります。

　具体的には、上記①ではハラスメントの内容やハラスメントを行ってはならない旨の方針を明確化した上で、パワハラの行為者に対しては厳正に対処する旨の方針や対処の内容を就業規則等の文書に規定し、労働者に周知・啓発しておく必要があります。

　上記②では相談窓口を定めて労働者に周知した上で相談窓口担当者が適切に対応できるようにし、上記③では事実関係を確認して速やかに被害者及び行為者に対する適正な措置を行った上で再発防止措置を講じなければなりません。

　上記④では、プライバシー保護のために必要な措置、及び労働者が相談をしたことや雇用管理上の措置に協力して事実を述べたことを理由とする解雇その他不利益な取扱いをされない旨を定め、労働者に周知・啓発しておく必要があります。

2　実務上のポイント

　ハラスメント行為は、従業員個人の人格や尊厳を傷付け、良好な職場環境を損なうことはもちろんですが、会社にとっても貴重な人材を失うなど、会社組織としての損失にもつながりかねません。管理職としては、上記の事業主の責務をしっかりと把握した上で、指針に応じ実際の事案に適した適切なハラスメント対策を講じる必要があります。

137

QUESTION Q38 ハラスメントが発生した場合、どのように対応すべきですか。

ANSWER A 1 ハラスメントの事後対応策

　Q37にもあるとおり、事業主は、雇用管理上講ずべき措置として、職場におけるハラスメントへの事後の迅速かつ適切な対応を行うよう法律及び指針で定められています。

　具体的には、事業主はまず、事実関係を迅速かつ正確に確認する必要があります。相談窓口の担当者、人事部門又は専門の委員会等が、相談者と行為者の双方から事実関係を確認することが考えられますが、確認が困難な場合には適宜中立な第三者機関に処理を委ねることも検討しましょう。

　次に、職場におけるハラスメントが生じた事実が確認できた場合には、速やかに被害者に対する配慮のための措置を講じる必要があります。被害者への措置としては、パワハラ又はセクハラについては、被害者と行為者との間の関係改善のための援助、被害者と行為者を引き離すための配置転換、行為者の謝罪、マタハラについては被害者の職場環境改善のための取組などが考えられます。

　また、行為者に対する措置も速やかに行わなければなりません。具体的には、上記の配置転換、被害者への謝罪等に加えて、就業規則その他の規定に基づき、行為者に対する必要な懲戒その他の処分を検討する必要があります。

138

第6章 | ハラスメント対応

　さらに、改めて職場におけるハラスメントに関する方針を周知・啓発する等の再発防止措置を実施する必要があります。具体的には、職場においてハラスメントを行ってはならないことや、ハラスメントに係る言動を行った者については厳正に対処する旨の方針、妊娠・出産・育児・介護に関する制度が利用できること（マタハラの被害者への対応を行う場合）を、社内報、パンフレット、社内ホームページ、広報・啓発のための資料等に改めて掲載し、配付することが考えられます。また労働者に対して、職場におけるハラスメントに関する意識を啓発するため、研修や講習等を改めて実施することも再発防止措置としては有用です。

　加えて、職場におけるハラスメントに関する情報は相談者・行為者のプライバシーにも関わるものであることから、プライバシーを保護するために必要な措置を講じることも忘れてはいけません。また、労働者が相談したこと、事実関係の確認等に協力したこと等を理由として不利益な取扱いを行うことも法律上禁止されています。

2　実務上のポイント

　発生したハラスメントに対して即時に適切な対応を行わなければ、被害が更に拡大又は重大化するおそれがあり、被害者のみならず周囲の従業員を含む人材の流出をもたらす可能性があるとともに、訴訟等に発展するリスクもあります。このような事態は所属部署のみならず企業全体の事業運営を停滞させるこ

とにつながりかねません。ハラスメントに対して、事案の内容や状況に応じた適切な対処を行っていくことは、組織・チーム、あるいは企業の持続可能性を高めることにつながります。

　また、管理職は、ハラスメントが発生した場合、その事実調査において、ヒアリング担当者として、あるいはヒアリングを受ける立場として関与することがあります。企業としてハラスメントの具体的な事実を把握して適切な対応を取ることができるように、ハラスメントの経緯について、具体的に聴取し、また説明できるように対応することが求められます。

第 7 章

労働組合、労働紛争、行政取締

Q39 労働組合の権利や要件はどのように規定されていますか。

A 1 労働組合の意義

　資本主義社会では、自由に労働契約を締結させると資本力を背景に雇用主（会社）が主導権を握り、労働者が劣悪な環境で労働に従事させられるという事態が見られました。このような歴史的な経緯に鑑み、憲法28条は、雇用主と対等な力関係の下で労働者が交渉等を行えるように、労働者が団結し、団体として交渉・行動する権利を定めました。具体的には、下記の①〜③の三つの権利（いわゆる労働三権）が憲法上保障されています。

① 団結権……労働者が、雇用主と対等な立場で話し合うために、労働組合を作り、労働組合に加入できる権利をいいます。

② 団体交渉権……労働組合が、雇用主と労働条件等を交渉し、文書等で約束を交わすことができる権利をいいます。なお、よくいわれる「団交」とは、団体交渉の略語です。

③ 団体行動権（争議権）……労働条件改善等の要求実現のため、団体で行動する（例えば、話合いがまとまらない場合にストライキをする等）権利をいいます。

　この労働三権について、より具体的に保障すべく定められたのが、労働組合法です。同法1条1項は、その立法目的につい

て、「労働者が使用者との交渉において対等の立場に立つこと
を促進することにより労働者の地位を向上させること、労働者
がその労働条件について交渉するために自ら代表者を選出する
ことその他の団体行動を行うために自主的に労働組合を組織
し、団結することを擁護すること並びに使用者と労働者との関
係を規制する労働協約を締結するための団体交渉をすること及
びその手続を助成することを目的とする」として、労働組合法
が労働三権を具体的に保障するための法律であることを明示し
ています。

　そして、同法2条は、労働組合を「労働者が主体となつて自
主的に労働条件の維持改善その他経済的地位の向上を図ること
を主たる目的として組織する団体又はその連合団体をいう」と
定義しています。このように、労働組合とは、雇用主との対等
な立場での交渉のために労働者によって結成されるものを指す
といえます。

2　労働組合の要件

　労働組合法2条各号や5条1項・2項では、労働組合として
認められるための要件が定められています。

　例えば、同法2条1号は、役員や採用・解雇等の権限を有す
る管理監督者が組合員となっている場合、同法上の労働組合と
は認められないと定めています。これは、これらの役員や管理
監督者は雇用主（使用者）の利益代表者とされ、そのような者
が参加する組合は雇用主の支配的な影響を受ける可能性がある

以上、「労働者が主体となつて自主的に」という労働組合の条件を満たさないと整理されているからです。

3　実務上のポイント

上記2で述べたとおり、労働組合と認められるためには各要件を充足する必要があるため、ある団体が労働組合に当たるか否かを判断するには専門的な知見が必要となります。労働組合と称する団体から連絡があった場合には、慌てて自己判断で対応せず、まず人事担当者や専門家に相談（連絡があった旨の情報連携）をした方が良いといえます。

第7章 | 労働組合、労働紛争、行政取締

QUESTION

Q40 外部労組と社内労組にはどのような違いがありますか。

A 1 外部労組と社内労組の概要

労働組合として従前よく見られたのは、社内に存在し、当該会社の従業員のみが所属している、いわゆる社内労組です。しかし、労働組合法2条は、労働組合を「労働者が主体となつて自主的に労働条件の維持改善その他経済的地位の向上を図ることを主たる目的として組織する団体又はその連合団体」と定義するだけで、社内に存在すること等を必須の条件とはしていません。このため、社外に存在し、勤務する会社にかかわらず労働者が一人からでも加入できる、いわゆる外部労組（合同労組やユニオンとも呼ばれます）も労働組合の一つとして認められることとなります。

いわゆる社内労組は、社員の過半数が組合員として参加している過半数組合（多数組合）であることも多く、会社と労働条件交渉のために激しく対立するというよりは、長期的な関係を見据えて会社と協調する路線を採る傾向にあります。また、特に近時は社内組合の組織率が減少しています。このような理由で、自分の意見が社内協調路線のために十分に取り合ってもらえないと感じる労働組合員や、そもそも社内で利用できる組合が無い労働者が増加し、それに伴い、外部の相談機関として外部労組へ加入する人も増加する傾向にあります。

145

2 外部労組が扱うトピック

　上記のように外部労組には労働者が一人で問題解決のために参加することが多く、具体的には、同労働者の解雇や労働条件の不利益変更、あるいは同労働者へのハラスメント等といった個別的な事案（いわゆる個別労働関係紛争）を議題とすることが多く見られます。外部労組は、これらの事項について、一定の解決案を提示した上で、団体交渉を要求し、会社が反応しなければ不当労働行為（Q41参照）として救済を申し立てるという形で事案対応を進めていきます。

　このため、会社としては、外部労組も労働組合の一つと理解した上で、団体交渉に真摯に対応する等、不当労働行為となる行動を取らないことがポイントとなります。社内労組でないから無視する等の対応は許されません。

　もっとも、労働組合の要求に全て応じる必要はありません。団体交渉を例にすると、会社として十分な検討をした上で、適宜根拠資料を示して理由を説明したのであれば、外部労組の提案は受け入れられないという結論であっても、不当労働行為にはなりません。

3 実務上のポイント

　どこまで外部労組の要求に応える必要があるのかという線引きは、相当専門性の高い判断となります。このため、特に外部

労組から「労働法的には対応する必要がある」と主張されると、よく分からないまま念のためこれに従ってしまったという事例が多いように思われます。このような場合も、まずは自己判断せず、基本的には人事部や専門家である弁護士と連携すべきです。

　例えば、部下が合同労組に入り、当該労組から団体交渉の要求がなされたと知った場合には、自分で交渉に応じる旨などを返答する前に、まず早急に人事部と当該事実を共有して、対応を委ねた方が良いと考えます。

Q41 どのような行為が不当労働行為に該当しますか。

A 1 不当労働行為の内容

労働組合法は、憲法28条が保障している労働三権（団結権・団体交渉権・団体行動権（争議権））を保護するため、一定の行為を不当労働行為として禁止しています（同法7条各号）。具体的には、大まかに下記の3類型があります。

(1) 組合員であること、労働組合への加入や結成等を理由とする不利益取扱い（1号）

例えば労働組合を結成したことを理由として会社から解雇され得るとなれば、労働者は組合の結成を諦めざるを得ず、団結権が侵害されるため、この解雇のような不利益取扱いは不当労働行為として禁止されます。

不利益取扱いの禁止の対象となる行為は、組合員であること、労働組合への加入、労働組合の結成又は労働組合の正当な行為が含まれます。また、禁止される不利益取扱いとしては、解雇、賃金・昇格の差別等、あらゆる不利益な取扱いが含まれます。

なお、使用者が、従業員の過半数を代表する組合（多数組合）との間で、当該組合の組合員であることを雇用条件とする労働協約（いわゆるユニオンショップ協定）を締結することは、多数組合以外への加入・結成を阻害するものとして不利益取扱いに

該当するようにも思えますが、労働組合法はこれを明示的に例外として許容しています（同条1号ただし書）。

⑵ 正当な理由のない団体交渉の拒否（2号）

労働者の団体交渉権を実効的なものとするために、労働組合から団体交渉を申し入れられた場合、会社は正当な理由が無い限りこれを拒否できないものと定められています。

また、団体交渉に形式的に応じれば足りるとすると、実質的な条件交渉がなされず団体交渉権が実効性を失うことから、会社は誠実に団体交渉を行う義務を負うと解され、これに反して不誠実な対応を行った場合には不誠実団交と認められ、団体交渉を拒否した場合と同じく不当労働行為と判断されます。例えば、特段の調整努力もせずに、スケジュールが合わない、開催場所が無い等の理由で団体交渉の期日延期を何度も繰り返したり、組合の要求・主張に対して特に理由の説明や資料提出をせずに拒否回答を繰り返したりすると、不誠実団交と判断される可能性があります。

他方で、労働組合の主張・要求を聞かなければ不誠実団交になるというわけではありません。例えば、急な申入れのためスケジュール調整が困難な場合はその旨とともに別日程を提案する、組合が開示を求める資料が存在しない場合にはその旨・理由を回答するといった対応を行った場合には、不誠実団交にはなりません。

⑶ 労働組合の結成・運営に対する支配介入（3号）

　会社が労働組合の結成や運営等に介入すると、組合員たる労働者が自主的に団結権や団体行動権を行使することができなくなります。このため、会社による支配介入行為は不当労働行為として禁止されています。

　支配介入行為の例としては、組合員に対する組合脱退の働きかけ、組合幹部の解雇・配転、組合活動の妨害、他の組合への援助が典型的です。また、注意すべきは、労働組合の運営のための経費の支払につき経理上の援助を与えることも、明文で不当労働行為として挙げられている点です。会社が経理上の援助をするのであれば労働組合にもメリットであると思えますが、逆に援助を受けることで会社の言いなりになる可能性があることから、労働組合法はこれも禁止しています（ただし、最小限の広さの事務所の提供等は、明文で例外的に許容されています）。

　なお、最判昭和57年9月10日労経速1134号5頁は、使用者の単なる発言や意見表明であっても、「組合員に対し威嚇的効果を与え、組合の組織、運営に現実に影響を及ぼした場合はもちろん、一般的に影響を及ぼす可能性のある場合」には支配介入に該当するとしています。このため、実際に労働組合員に影響が生じなかったとしても、通常であれば影響が生じた場合には支配介入に該当することになります。

第7章 | 労働組合、労働紛争、行政取締

2 不当労働行為となる場合の影響

　労働組合は、使用者が不当労働行為を行ったと考えるときは、各都道府県の労働委員会に不当労働行為があった旨、及び一定の救済（例えば当該不当労働行為の解消等）を求める旨を申し立てることができます（労働組合法27条）。この申立てがなされると、労働委員会は、当事者の主張を整理・確認し（調査）、その上で証人尋問等を行った上で（審問）、申立人の請求を全部又は一部認めるときは救済命令を、認められないときは棄却命令を出すこととなります。

　このため、会社としては、組合員が不当労働行為として申し立てたのであれば、（途中で和解という形で終了しない限り）数度にわたる調査・審問期日に出席する必要が生じます。さらに、都道府県労働委員会の結論に不服がある場合は中央労働委員会に再審査の申立てをすることができますし、各労働委員会の決定に不服がある場合は、労働委員会を相手として取消訴訟を提起することもできます。このように、争おうと思えば都道府県労働委員会→中央労働委員会→取消訴訟（地裁）→取消訴訟の控訴審→取消訴訟の上告審と、最大5回まで争うことができます。和解による解決を検討する場合には、上記のとおり不当労働行為について争うと手続が通常より長引く可能性があることにも鑑みるべきといえます。

151

3 実務上のポイント

　現場の管理職が最も留意すべき点は、日頃の言動が後で支配介入に当たる等として不当労働行為と申し立てられる可能性があるということです。例えば、「外部労組なんかに入って、大変じゃないのか」等と発言した場合、たとえこれが外部労組を辞めるべきだなどという趣旨の発言ではなく、単なる感想だったとしても、これは外部労組への加入を妨げる言動であるとして支配介入と主張されるおそれがあります。このように、自身の日頃の言動も問題となり得る点に留意する必要があります。

第7章 | 労働組合、労働紛争、行政取締

QUESTION

Q42
労働関係紛争解決制度について教えてください。

A 解雇、賃金減額又は懲戒処分の有効性が争われたり、ハラスメントや過重労働に対する損害賠償が求められたりする形で、労働者と会社の間で労働に関係する事項につき紛争が生じることがあります。当事者間での話合いにより解決できない場合に備え、行政や裁判所では様々な解決制度が用意されています。

1 個別労働関係紛争解決制度

個別労働関係紛争の解決の促進に関する法律によって、三つの解決制度が定められています。

(1) 情報提供等（同法3条）

都道府県労働局では総合労働相談コーナーが設けられ、労働問題に関する情報提供・個別相談を行うとともに、紛争解決援助の対象となる場合には下記(2)、(3)の利用を勧めたり、場合によっては労働基準監督署や公共職業安定所等に取り次いだりすることで行政指導につなげるなどの対応をしています。

(2) 都道府県労働局長による助言・指導（同法4条）

都道府県労働局長は、個別労働関係紛争の当事者の双方又は一方からその解決につき援助を求められた場合には、当該個別労働関係紛争の当事者に対し、必要な助言又は指導をすること

153

ができます。この助言・指導は、Q43で述べるとおり、その内容に従う法的な義務が生じるものではありませんが、解決しない場合には(3)のあっせんに移行することができます。

(3)　紛争調整委員会のあっせん制度（同法5条）

　都道府県労働局長は、労働者の募集及び採用に関する事項についての紛争以外の労働関係紛争について、紛争当事者の双方又は一方からあっせんの申請があった場合において当該個別労働関係紛争の解決のために必要があると認めるときは、紛争調整委員会にあっせんを委任します。

　あっせんでは、公平・中立な第三者として労働問題の専門家（弁護士や大学教授等）が入り、非公開のあっせん期日において、双方の主張の要点を確かめ、調整を行い、話合いを促進することにより、紛争の解決を図ります。また、紛争当事者の双方が求めたときは、専門家はあっせん案を提示します。

　ただし、あっせん手続に応じるか否か、あっせん案を受諾するか否かは当事者の自由に委ねられています。このほか、後述の労働審判や民事訴訟と比較すると、［図表1］のとおり整理されます。

2　労働委員会による労働争議の調整

　労働委員会では、労働組合法及び労働関係調整法等に基づき、労働組合と使用者との間の集団的労使紛争を取り扱っており、不当労働行為の救済命令申立て（Q41参照）のほか、労働

第7章 | 労働組合、労働紛争、行政取締

[図表1]

	あっせん	労働審判	民事訴訟
実施体制	紛争調整委員（弁護士等：1人）	労働審判委員会（労働審判官（裁判官）：1名、労働審判員（労使）：2名）	裁判官
手続	話合いによる合意	話合いによる合意（不調の場合は労働審判委員会の審判）	裁判所による判決（話合いによる解決も可）
相手方の手続参加	任意（不参加の場合には手続終了）	正当な理由なく不出頭の場合には過料	主張書面を提出せず不出頭の場合、原告の主張を認めたものとみなされる可能性あり
合意・裁判の内容の効力	民事上の和解契約（強制執行不可）	合意内容や裁判は裁判上の和解と同じ効力（強制執行可）	和解・判決（強制執行可）
費用	無料	有料	有料
公開の有無	非公開	非公開	公開
代理人の選任	弁護士の選任は必要ではない	弁護士を選任することが多い（要費用）	弁護士を選任することが多い（要費用）
書面等の準備	申請書（必要に応じ証拠書類）	申立て等の主張書面、証拠書類の提出が必要	訴状等の主張書面、証拠書類の提出が必要
処理期間	原則1回、2か月以内が78.2%（令和4年度）	原則3回以内で終了（平均3.0か月（令和4年））	平均17.2か月（地裁・令和4年）

出所：厚生労働省ホームページ

争議（大まかに言えば、労働組合と使用者の間に生じた問題を指します）に関してあっせん、調停、仲裁といった手続も用意しています（[図表2]参照）。

　そのほか、労働委員会では、個別労働関係紛争解決促進法20条に基づき、個別労働関係紛争についてもあっせんを行ってい

[図表2]

	あっせん	調　停	仲　裁
手続の概要	あっせん員が当事者双方の主張の要件を確かめ、事件を当事者の合意により解決するよう努める。	公労使三者で構成される調停委員会が当事者の意見を聞いて調停案を作成し、その受諾を勧告する。	公益員又は特別調整員からなる仲裁委員会が、両当事者に対し拘束力のある仲裁裁定を下す。
開始事由（当事者申請）	一方又は双方の申請	双方の申請協約に基づき一方申請公益事業に関わる一方申請	双方の申請協約に基づき一方申請
調整機関	あっせん員	調停委員会（公労使委員三者構成）	仲裁委員会（公益委員で構成）
解決案の提示	提示することもある	原則提示	原則提示
解決案の受諾	任意	任意	労働協約と同一の効力をもって当事者を拘束
申請後の別の調整方法の選択	可能	可能	可能

出所：厚生労働省ホームページ

ます。このあっせんは、前述した都道府県労働局のあっせんと基本的に同じですが、労働委員会の場合はあっせん員が3名体制になる、利用しても消滅時効が中断しないなどの相違点があります。

3　裁判所による紛争解決

　裁判所による労働関係紛争の解決手続には、大きく分けて労働審判手続と民事訴訟手続の2種類が存在します。

第7章 | 労働組合、労働紛争、行政取締

(1) 労働審判手続

　労働審判制度は、紛争の実情に即した迅速、適正かつ実効的な解決を図ることを目的とする、非公開の手続です（労働審判法1条参照）。

　労働審判手続は、裁判官1名、労働関係の専門的な知識経験を有する労働審判員2名（1名は会社側での人事関係の経験、もう1名は労働組合関係の経験を有しています）から構成される労働審判委員会により審理されます。特別の事情がある場合を除き、3回以内の期日において、審理を終結しなければならず（同法15条）、基本的には1回目の期日で大半の事実関係の確認を終え、2回目以降は話合いや説得が主となることが多いといえます。

　話合いがまとまって調停が成立すれば、手続は終了します。調停による解決に至らない場合には、事案の実情に即して労働審判が下されます。労働審判に対して、当事者に異議がない場合、審判は裁判上の和解と同一の効力を有します（同法21条4項）。当事者が異議を申し立てた場合には、通常の訴訟手続に移行します（同法22条）。

　なお、労働審判は迅速な解決を前提とした手続であるため、事案が複雑である等の理由でこれに適しないと判断された場合は、労働審判となる前に訴訟に移行することとなります（同法24条）。

⑵ 民事訴訟手続

いわゆる通常の訴訟手続になります。労働審判と異なり、民事訴訟では裁判官が単独又は合議制により審理し、期日の回数制限もありません。基本的には数度にわたり双方で書面を提出して事実関係等を主張し、適宜和解を試みた上で、証人尋問を行い、その結果を踏まえた心証を示しつつ、和解できない場合は判決となります。判決に不服がある場合には控訴し、控訴審での判決にも不服があれば上告（あるいは上告受理申立て）を試みることとなります。

4 実務上のポイント

労働者が上記のどの手続を利用するのかについては労働者の選択次第であり、会社としてはそれに粛々と対応していくしかありません。

ただし、上記のとおり、例えばあっせんと民事訴訟では、それに会社が応じる必要があるのか、判断に拘束されるのかなどの点で、効果が全く異なるため、会社としての対応もおのずから変化します。このため、労働者がどの制度を念頭に利用を検討しているかという情報は重要であり、それを理解できるように、管理職としても制度の概要は知っておいた方が良いと考えます。

Q43 労働関係の行政取締にはどのようなものがありますか。

労働法令に関する行政取締の概要は以下のとおりです。

1 行政指導

行政指導とは、官公庁（主に労働局や労働基準監督署）が会社に対して、ある行為を行うように（又は行わないように）具体的に求める行為をいいます。行政指導に法律上の拘束力はなく、これに従うか否かは会社が任意に決めることができます。

ただし、例えば労働基準法に違反しているときに、これを是正するよう求める勧告（是正勧告）が出された場合、任意だからといって是正勧告を無視すると、労働基準法違反として刑事事件になる（送検される）ことがあります。また、例えば労働施策総合推進法33条2項は、同条1項の勧告に従わなかった場合には会社名を公表できる旨を定めています。このように、行政指導に従うか否かは任意に決められるものの、上記のリスク等に鑑みると、基本的には従った方が望ましいといえます。

なお、行政指導の中には、最も軽い「助言」、中程度の「指導」、最も重い「勧告」の3種類があります。一般に、助言は法令違反だけでなく法令上望ましい・望ましくないといったレベルも対象となりますが、これに従わないだけで送検や企業名公表をなされるといった重い効果が生じることはありません。

逆に、勧告は一定の法令違反あるいは指導に従わなかった場合等といった形で対象が限定されている一方、従わない場合には送検や企業名公表といった厳しい対応が取られることがあります。

なお、行政指導や行政処分の前段階として、会社に対して任意の報告を求めることがありますが（例えば同法36条１項）、これも行政指導の一種と考えることができます。

2　企業名公表

前述した労働施策総合推進法33条２項のように、一定の法令では、法令違反への対応を求める勧告に従わなかった会社について、その名称を公表することができる旨を定めています。昨今のコンプライアンス遵守の社会の流れもあり、名称を公表されることのレピュテーションリスクは非常に高く、絶対に避ける必要があります。

ほかにも、違法な長時間労働や過労死の事案については独自の企業名公表のルールが定められています。また、送検時や後記３の行政処分時には、併せて企業名が公表される傾向にあります。

3　行政処分

例えば労働者派遣法では、一定の法令違反に対して改善のために必要な措置を採るよう命じることがあります。この改善命

第7章 | 労働組合、労働紛争、行政取締

令（同法49条1項）は、行政指導と異なり、法的強制力のある行政処分に該当し、従わない場合は刑事罰を受けることとなります（同法60条1号）。

ほかにも、労働者派遣法では法令違反状態にある派遣元に対して派遣事業を一旦停止するよう命じる事業停止命令（同法14条2項）や、派遣事業の許可自体を取り消して派遣業を行えないようにする許可取消（同条1項）等といった行政処分もあります。

4 過　　料

例えば、パートタイム・有期雇用労働法31条は、会社がパートタイマーや有期雇用労働者に対して通知・交付すべき労働条件が漏れていた場合に10万円以下の過料とする旨を定めています。過料は行政上の秩序罰です。

5 実務上のポイント

上記のとおり、任意とされる行政指導であっても、それに従わなければ、より重い行政処分や企業名公表、場合によっては送検といった事態につながってしまいます。このため、行政指導等をなされた場合には、会社を挙げて迅速に対応する必要があります。

他方で、特に行政指導のうちの助言や指導は「法令違反ではないが改善が望ましい」といったレベルの事象についても行わ

161

れますし、単なる事実調査にすぎない場合もあります。した
がって、行政指導を受けた場合には、それが法令違反に当たる
のか否かを確認した上で、正確な社内共有等の対応を進めるべ
きといえます。

■ 著者略歴 ■

藤原　宇基（ふじわら　ひろき）

岩田合同法律事務所　弁護士

2008年第一東京弁護士会登録。2015年岩田合同法律事務所入所。同事務所パートナー。経営法曹会議会員。人事労務案件を広く取り扱う。「注意！判例をチェックしましょう」（「労務事情」産労総合研究所連載）をはじめ、執筆等多数。

福地　拓己（ふくち　たくみ）

岩田合同法律事務所　弁護士

2017年弁護士登録、髙井・岡芹法律事務所入所。2020年岩田合同法律事務所入所。経営法曹会議会員、第一東京弁護士会労働法制委員会委員。使用者側の人事労務分野やコーポレート分野を中心とする企業法務全般を取り扱う。『退職勧奨・希望退職募集・PIP の話法と書式』（青林書院、共著）ほか、執筆等多数。

北川　弘樹（きたがわ　ひろき）

岩田合同法律事務所　弁護士

2017年弁護士登録。2017年第一協同法律事務所入所後、2021年岩田合同法律事務所入所。経営法曹会議会員。労務案件全般を中心に、コーポレート案件、紛争解決など、企業法務全般の業務を取り扱う。執筆等多数。

豊岡　啓人（とよおか　ひろと）

岩田合同法律事務所　弁護士

2017年弁護士登録。2018年石嵜・山中総合法律事務所入所後、2022年岩田合同法律事務所入所。経営法曹会議会員。労務案件全般を中心に、IPO 対応等も取り扱う。書籍や記事等執筆多数。

岡南　健太郎（おかなみ　けんたろう）

岩田合同法律事務所　弁護士

2020年弁護士登録、岩田合同法律事務所入所。労務案件のほか、株主総会・取締役会対応、IPO 対応など、コーポレート業務を中心とした企業法務全般の業務を取り扱う。執筆等多数。

上平　達郎（かみひら　たつろう）

岩田合同法律事務所　弁護士

2017年中央大学法学部卒業。2019年一橋大学法科大学院修了。2022年第一東京弁護士会登録、岩田合同法律事務所入所。コーポレート案件、競争法案件、訴訟案件など、企業法務全般の業務を取り扱う。

原澤　翔多（はらさわ　しょうた）

岩田合同法律事務所　弁護士

2022年弁護士登録、岩田合同法律事務所入所。労務案件のほか、コーポレート案件、紛争解決、金融法務など、企業法務全般の業務を取り扱う。

前田　拓実（まえた　たくみ）

岩田合同法律事務所　弁護士

2020年中央大学法学部卒業。2022年第一東京弁護士会登録、岩田合同法律事務所入所。M&A、コーポレート案件、紛争解決、競争法案件など、企業法務全般の業務を取り扱う。

鈴木　隆世（すずき　りゅうせい）

岩田合同法律事務所　弁護士

2022年弁護士登録、岩田合同法律事務所入所。コーポレート案件、労務案件、不動産案件、知財・IT案件など、企業法務全般の業務を取り扱う。

新井　周（あらい　あまね）

岩田合同法律事務所　弁護士

2022年弁護士登録、佐藤総合法律事務所入所。2023年岩田合同法律事務所入所。コーポレート案件、紛争解決、労務案件等、企業法務全般の業務を取り扱う。

宮川　裕平（みやがわ　ゆうへい）

岩田合同法律事務所　弁護士

2022年弁護士登録。労務案件のほか、国内外の企業をクライアントとするM&A、国際取引、紛争解決などのクロスボーダー案件その他企業法務全般を取り扱う。

山田　千晶（やまだ　ちあき）

岩田合同法律事務所　弁護士

2022年弁護士登録、岩田合同法律事務所入所。コーポレート案件、紛争解決、労務案件など、企業法務全般の業務を取り扱う。

宮坂　智（みやさか　さとし）

岩田合同法律事務所　弁護士
2022年弁護士登録、岩田合同法律事務所入所。コーポレート案件、労務案件、税務案件など、企業法務全般の業務を取り扱う。

棚橋　央登（たなはし　ひろと）

岩田合同法律事務所　弁護士
2022年弁護士登録、岩田合同法律事務所入所。コーポレート案件、紛争解決など、企業法務全般の業務を取り扱う。

鈴木　莉子（すずき　りこ）

岩田合同法律事務所　弁護士
2022年弁護士登録、岩田合同法律事務所入所。コーポレート案件、競争法案件など、企業法務全般の業務を取り扱う。

KINZAI バリュー叢書 L

Q&A 管理職の労務

2025年1月23日　第1刷発行

著　者　岩田合同法律事務所
発行者　加　藤　一　浩

〒160-8519　東京都新宿区南元町19
発　行　所　一般社団法人 金融財政事情研究会
　　　　編 集 部　TEL 03(3355)1721　FAX 03(3355)3763
　　　　販売受付　TEL 03(3358)2891　FAX 03(3358)0037
　　　　URL https://www.kinzai.jp/

DTP・校正：株式会社友人社／印刷：文唱堂印刷株式会社

・本書の内容の一部あるいは全部を無断で複写・複製・転訳載すること、および
　磁気または光記録媒体、コンピュータネットワーク上等へ入力することは、法
　律で認められた場合を除き、著作者および出版社の権利の侵害となります。
・落丁・乱丁本はお取替えいたします。定価はカバーに表示してあります。

ISBN978-4-322-14334-8

創刊の辞

2011年3月、「KINZAI バリュー叢書」は創刊された。ワンテーマ・ワンブックスにこだわり、実務書より読みやすいが新書ほど軽くないをコンセプトに、現代をわかりやすく切り取り、かゆいところに手が届く、丁度いい「知識サイズ」に仕立てた。

ニュース解説に留まらず物事を「深掘り」した結果、バリュー叢書は好評を博し、間もなく第一作の「矜持あるひとびと」から数えて刊行100冊を迎える。読者諸氏のご愛顧の賜物である。

バリュー叢書に通底する理念は不易流行である。「金融」「経営」などのあらゆるジャンルに果敢に挑戦しながら、「不易」―変わらないもの―と「流行」―変わるもの―とをバランスよく世に問うことである。本叢書シリーズは決して色褪せない。それはすなわち、斯界の第一線実務家や研究者が現代を切り取り、コンパクトにまとめ、時代時代の先進的なテーマを鮮やかに一冊に落とし込んでいるからだ。次代に語り継ぐべき大切な「教養」や「斬新な視点」、「魅力溢れる人間力」が手本なき未来をさまようビジネスパーソンの羅針盤になっているものと確信している。

2022年12月、新たに「Legal」を加え、12年振りに「バリュー叢書L」を創刊する。不易流行は変わらずに、いま気になることがすぐにわかる内容となっている。第一線実務家や研究者はもとより、立案担当者や制度設計に携わったプロ達も執筆陣に迎えている。

新シリーズもまた、混迷の時代、先が見通せないと悩みながら「いま」を生き抜くビジネスパーソンの羅針盤であり続けたい。

加藤　一浩